AF4187223

# LA VERDAD

## DE LOS

## BIENES RAÍCES

# LA VERDAD

## DE LOS

## BIENES RAÍCES

*Cómo iniciar en el negocio
con historias reales*

**Cesar Peña Ortiz**

# AGRADECIMIENTOS

Te agradezco por tomarte el tiempo de leer mi libro, espero que te ayude en tu emprendimiento.

Agradezco también a Dios por permitirme escribir a lo largo de esta jornada.

Agradezco a mi esposa, mis hijos, mis padres, mi abuela; sin ellos no hubiese sido posible este proyecto.

Muchas gracias a mis amigos, compañeros de trabajo, mi socio Isaí y a todas esas personas que han creído en mí, por permitirme vivir todas estas experiencias a su lado.

# ÍNDICE

# INTRODUCCIÓN

Mi mamá trabajó en el IMSS (Instituto Mexicano del Seguro Social) por más de 35 años. Es una institución del gobierno federal. Siempre nos inculcó el estudio para que algún día trabajáramos en esa misma dependencia, porque era un trabajo seguro. Era fácil escalar estando adentro. Mi papá por su parte trabajó en bancos. También administró una tienda de conveniencia por varios años. Por su parte también me enseño que el estudio sirve para conseguir un buen empleo.

Tanto en mi familia materna como la paterna, ningún miembro fue emprendedor. Todos me decían que estudiara para tener un buen empleo. Crecí con esa ideología hasta terminar mi carrera.

Hubo una ocasión en la que reprobé unas materias en la preparatoria y me dieron de baja. Mi papá al enterarse de eso, se molestó conmigo. Él, en ese tiempo, trabajaba administrando una tienda. Al día siguiente de haberle dado la noticia, me levantó a las 6:00 am y me dijo que ahora tendría que trabajar con él. Con un sueldo de USD 40 por semana.

Al recibir mi primer sueldo, me preguntó: *¿Qué puedes comprar con USD 40?* Le contesté que solo me alcanzaba para algunos pasajes en el transporte público y tal vez unas salidas con mis amigos. Él me preguntó: *¿Eso es lo que quieres ganar? ¿Así quieres vivir?, no estás contemplando lo que cuesta una casa, los gastos como gas, luz, agua y demás servicios que se tienen que liquidar a cada tanto. Tú vives con nosotros y no pagas nada.*

Esas palabras se quedaron grabadas en mí para siempre. En ese momento fui otro, alguien más dedicado al estudio. Fue así que terminé mi carrera sin reprobar ninguna materia. No era un alumno excelente pero nunca fui alguien al que no le importara la escuela.

Fue hasta que comencé a trabajar que recibí mi primer sueldo. No estaba mal, era soltero y no tenía ningún compromiso. Pero aun así no me alcanzaba para los sueños que tenía. Tenía que juntar varias quincenas para poder comprarme algo que yo quería o endeudarme con una tarjeta de crédito.

En ese tiempo de carrera laboral, me di cuenta de que iba a tardar mucho tiempo en juntar dinero para lo que yo quería comprarme. Y me hice la misma pregunta que me hizo mi papá ese día: ¿Eso es lo que quieres ganar? ¿Así quieres vivir?

Fue así que empecé buscando lo que en realidad me gustaba hacer para poder dedicarme a eso por el resto de mi vida.

¡Amo mi trabajo! Tanto que, para mí, no existen los viernes ni los lunes. De esos lunes que no quieres que lleguen y esos viernes que anhelas. Para mí no existe el trabajar horas extras, porque esas horas se convierten en mi pasión y no las llamo trabajo. No existe el perderme un cumpleaños de mis hijos o alguna actividad escolar. No existe el mirar el reloj para ver cuánto falta para salir de la oficina.

Esto es lo que hago, esto es lo que soy…

Y tú ¿Quieres incursionar en el negocio de los bienes raíces y no sabes cómo? ¿Te gustaría saber cómo es en realidad el negocio? ¿Tienes ya los contratos para empezar?

En el capítulo uno te comparto cómo fue mi experiencia entrando en el mundo de los bienes raíces. Algunos de los buenos negocios que hemos hecho a lo largo de este viaje.

Te contaré en el capítulo dos cuáles son las verdaderas caras de la moneda en este negocio. Si vas a empezar desde abajo como yo lo hice, ¿serás rico en poco tiempo?, te voy a compartir mis experiencias y te diré la verdad.

En el capítulo tres te diré cuál es la técnica que considero que debes usar cuando empiezas en este negocio.

Una de las técnicas, que mejores rendimientos da a corto plazo, te la detallaré en el capítulo cuatro.

¿Construir y vender es tan sencillo como se lee? En el capítulo cinco te explicaré los puntos más importantes que tienes que tomar en cuenta a la hora de empezar a construir tu primera casa para vender.

El capítulo seis y siete serán de gran importancia, aquí sabrás por lo que pasamos la gran mayoría de los que empezamos desde ceros en este negocio. Aprenderás a perder y a ganar.

Este negocio lo emprendimos juntos, mi esposa y yo, te compartiré lo que nos ha funcionado a nosotros como pareja y lo que no nos ha funcionado en el capítulo ocho.

El capítulo nueve trata del manejo del tiempo, como puedes optimizar el tiempo en el transcurro del día.

En el capítulo diez te platico un poco de la importancia de la fe en mi vida y en los negocios.

Te recomiendo seguir mi página en www.hablemosdebienesraices.com allí podrás encontrar mis redes sociales.

¡Acompáñame en esta aventura!

# Capítulo 1 | El primer contacto con los bienes raíces

Me gradué de la carrera de Ingeniería en Sistemas Computacionales en el 2008. Mi idea siempre fue conseguir un trabajo, en una empresa de tecnologías de información.

Saliendo de la carrera, ya con mi título, mi sueño fue estudiar inglés en el extranjero. Como mis papás sabían de mi sueño, ahorraron algo de dinero para que yo pudiera estudiar el idioma fuera del país. Con eso y con algunos ahorros que yo tenía, me fui a la aventura.

La ciudad de Toronto en Ontario, Canadá, fue mi destino. Mi novia, que ahora es mi esposa, también emprendió la aventura junto a mí. Cuando estuvimos en Canadá, a inicios del año 2009, tuvimos distintos trabajos. Algunos de ellos fueron: recolector de basura, ayudante de cocinero, jardinero y más trabajos de este tipo. Todo para solventar nuestros gastos en ese hermoso país. Vivíamos en un sótano. No vivíamos mal, pero tampoco era la vida que queríamos.

El sótano donde vivíamos, era de una pareja de nombres Josh y Roxanne. Ellos nos platicaban que eran dueños de varias propiedades. Yo no podía creer que, a sus 28 años, ya tuvieran varias casas. Eso despertó en mí, el interés por averiguar cómo lo habían logrado.

Recuerdo haber comprado el libro: *Padre Rico, Padre Pobre* de Robert T. Kiyosaki con Sharon L. Lechter. Sé que, si no has leído este libro, por lo menos has escuchado de él. Este libro es la biblia del emprendedor. Cambió mi forma de pensar desde el día en que lo leí. La mayor parte del libro, habla de bienes raíces.

Dos años después de vivir en Canadá, regresamos a México. A pesar de haber entendido el concepto del emprendimiento, yo no me atreví a jugar ese juego, por miedo. ¿Te ha pasado?

Tuve algunos empleos de consultor de tecnologías de información. El último trabajo que tuve, fue en una empresa de Estados Unidos, en la cual duré casi nueve años. Esta empresa no nos exigía vivir allá y el sueldo era en dólares. ¡Eso era genial!

Compramos una casa en el año 2014. La finalidad era rentarla a estudiantes y profesionistas. Tal cual lo hacían Josh y Roxanne en Canadá. Pensamos que esa casa se pagaría sola, con las rentas mensuales que obtendríamos.

Fue en el año 2015, cuando vi un anuncio en Facebook de un curso de bienes raíces: *12 formas de invertir en bienes raíces, sin o con poco dinero.* Se impartiría en la ciudad de México. Tenía vacaciones en esos días. Me inscribí y fui. El curso lo impartió un muchacho de 26 años. Su nombre es Juan Carlos Zamora Soriano. Fue una inspiración para mí este joven.

A partir de ese momento, supe que los negocios en bienes raíces eran mi verdadera pasión. Aún sin haber hecho alguna operación inmobiliaria. Todo lo aprendido sirvió. Y, sobre todo, para encontrar mi "yo" en el emprendimiento.

## Algunas de mis experiencias en los bienes raíces

Recuerdo cuando hicimos uno de los mejores negocios, mi socio Isaí y yo. Una corredora de bienes raíces, de nombre Alejandra, conocida por mi socio, nos ofreció una gran oferta. Una constructora era dueña de un par de terrenos. Los estaban vendiendo para tener mayor liquidez. Alejandra funcionó como intermediaria. Estaban un 40% por debajo de su costo. Teníamos que tomar esa oportunidad.

Los terrenos eran propicios para construir dos casas residenciales. Solo que no teníamos el presupuesto para hacerlo. Estábamos construyendo otras viviendas. Decidimos invitar a Apolonio, el tío de mi socio. Una persona con mucha experiencia en el ramo de la construcción, con más de cuarenta años en el ramo. Trabajó en una de las constructoras más grandes de México durante una década. Él pondría el capital y mano de obra para la construcción.

Metimos diez dólares y sacamos veintidós. Es decir, nuestra ganancia fue de doce dólares por cada diez que habíamos invertido. Es como pagar diez días de vacaciones y recibir veintidós.

Otro buen negocio que hicimos, fue una remodelación y venta sin comprar la casa. Imagínate que siembras un árbol de manzana, pero de esa siembra, brotan seis árboles. ¿Te sentirías feliz de tu producción? Eso ocurrió con este negocio donde ganamos seis veces lo que invertimos.

La cosa fue más o menos así: Antonio había comprado una casa a través de un crédito hipotecario; hacía más de diez años. Aún tenía esa deuda con el banco. Pero él ya no podía pagar la casa. Aunado a eso, su casa estaba en malas condiciones para ser vendida. Solo quería deshacerse de ella.

Para nosotros fue una excelente oportunidad de negocio, porque su deuda en el banco no era tan alta. Lo que le ofrecimos a Antonio fueron USD 1,000 aproximadamente, que es el equivalente a un celular de alta gama y liquidar la deuda en el banco, al momento de vender la propiedad. Nosotros la remodelaríamos y venderíamos a un tercero.

En esta propiedad, invertimos casi tres veces lo que le ofrecimos a Antonio. No tardamos más de siete semanas cuando la casa ya estaba remodelada y vendida. Obtuvimos una utilidad de seis veces más de lo que invertimos, en un plazo muy corto.

No todo ha sido miel sobre hojuelas en este negocio. Mientras estás en la curva de aprendizaje, todo puede suceder. Y aun cuando crees que sabes todo, pueden suceder errores muy costosos.

Empezamos a invitar a socios inversionistas para la construcción de viviendas residenciales. Les ofrecíamos desde un 20% a un 25% de rendimiento anual. Tuvimos la oportunidad de contar con varios de ellos para nuestros proyectos.

El primer año fue excelente, ganamos más del doble del rendimiento que les entregaríamos anualmente. Construíamos dos casas residenciales y las vendíamos en un par de meses.

Todo iba *viento en popa* con el capital externo. Construíamos y vendíamos tan rápido que todavía podíamos reinvertir el capital de nuestros inversionistas.

En el año 2020 en la pandemia del COVID-19, fue un año en el que la venta de casas residenciales bajó mucho. Tanto que, tenemos algunas que no se han vendido. Podemos rematarlas y recuperar lo que invertimos, pero los rendimientos de los inversionistas no son negociables. Si nosotros tenemos un contrato con un inversionista donde especificamos que le pagaríamos un rendimiento anual, así exista una pandemia, se lo tenemos que pagar.

Es por eso que el año 2020, en esta unidad de negocio, en la construcción de casas residenciales sí hemos estado afectados.

Quiero comentarte con esto que, podemos perder cuando estamos en la curva de aprendizaje y mucho, pero eso no te tiene que detener a seguir en el camino del emprendimiento. ¡Claro! no nos sentimos del todo bien, después de no generar utilidades para la empresa. Sin embargo, seguimos trabajando y como dice John C. Maxwell: *A veces se gana a veces se aprende.*

Escribo este libro, mientras pasamos por la pandemia de COVID-19, en el año 2020. Esta época, para muchas personas ha sido devastadora, por la pérdida de empleos, falta de oportunidades y enfermedades mortales.

Para nosotros que nos dedicamos a los bienes raíces, en el rubro de la intermediación de propiedades de interés social, ha sido un año en el que no nos hemos visto afectados. Muchos trabajadores han perdido su empleo. Ya no pueden pagar sus casas. De manera inteligente, están vendiendo, antes de que los intereses moratorios los coman. Estas personas, están en busca de agentes inmobiliarios para que les apoyen a vender sus propiedades. Por ello, esta época ha marcado un parteaguas en la venta de inmuebles y como lo dije antes, sobre todo en inmuebles de bajo costo.

Pertenezco a la Asociación Mexicana de Profesionales Inmobiliarios (AMPI) y los demás asociados comentan que, en lo residencial si se han visto afectadas tanto las ventas, como la captación de clientes. Para los que nos dedicamos tanto al interés social, como a lo residencial, ha sido algo que no nos afectó como a muchas otras inmobiliarias.

Debo confesar que, cuando empecé con la venta de casas de interés social, me sentía un poco frustrado. Sentía que no estaba a la altura de las grandes inmobiliarias. La verdad es que, vendo más que varias de esas empresas. Ya no me siento menos por dedicarme, en su mayoría, a este tipo de viviendas. Esto no quiere decir que no venda casas media y residencial. Si no que, mi inventario son dos terceras partes de interés social y una tercera parte, media y residencial.

Hasta ahora, hemos vendido más de mil propiedades, en tan solo dos años y medio. Hemos construido y vendido más de diez casas residenciales. Seguimos construyendo y haciendo negocios inmobiliarios. Aún no llegamos a donde queremos llegar, pero te quiero compartir cómo hemos logrado llegar hasta aquí, desde cero.

¿Te gustaría saber la verdad de este negocio? Sigue leyendo.

# CAPÍTULO 2 | LAS MENTIRAS

Recuerdo cuando empecé a investigar este negocio de bienes raíces. Los primeros videos en YouTube, me impresionaron mucho. La mayoría de ellos decía que, éste negocio era muy sencillo, que cualquier persona podía hacerlo y que no tenías que invertir ni un centavo. Esa fue una de las razones por las que me animé a empezar.

Comencé con lo que me parecía más sencillo. La intermediación inmobiliaria, parecía algo simple que no requería gran esfuerzo, ni dinero. Según los videos que vi, era solo encontrar al que vende y al que compra una propiedad.

Con mis dotes de "diseñador" en Power Point, hice un flyer sencillo, para buscar personas que quisieran vender. Comencé en grupos de Facebook ya que es totalmente gratis, a promover mi primera inmobiliaria: PEVAZ.

Para esa misma semana, ya tenía muchas personas interesadas… en COMPRAR, pero no en VENDER. Esto es totalmente normal, cuando vas a empezar en este negocio, pero yo no lo sabía ni me lo advirtieron. Contestar mensajes en WhatsApp y en Facebook, me quitó muchísimo tiempo. Fue complicado encontrar personas que quisieran que yo les vendiera una casa. Necesitaba que las personas confiaran en mí para poderles llevar el proceso de venta. Eso no fue nada fácil.

Un día, tuve una llamada con una persona que quería vender su propiedad, gracias a la publicidad en los grupos de Facebook. Me comentaba que necesitaba el dinero con urgencia. Hicimos una cita en su propiedad para platicar más a detalle, acerca del proceso.

Al llegar a su casa, vi que no estaba en buenas condiciones. El yeso del plafón se estaba cayendo. No tenía tarja en la cocina y otros detalles importantes. Pero como yo no tenía ningún conocimiento, tomé algunas fotos y pregunté en cuánto quería vender su casa.

El cliente vendedor, puso precio a su casa y empecé con la promoción en Facebook, que era lo más sencillo y sin costo alguno. Para la semana siguiente, tenía algunas citas de personas que estaban interesadas en comprar la casa. Cité en un solo día a diez personas, con treinta minutos entre una cita y otra. Esperaba que se vendiera rápido.

Llegó el día que tenía que mostrar la propiedad, a todas las personas citadas. Mi sorpresa fue que, un par de personas querían la casa. Me pregunté: ¿Y ahora qué sigue? No sabía qué hacer en ese momento. Me hicieron algunas preguntas que no supe responder como: ¿Cuánto cuesta el avalúo? ¿Qué documentación necesito? ¿Cuánto tarda el proceso? y muchas más preguntas de las que no tenía idea de su respuesta.

Por suerte conocía a una persona que se dedicaba a este negocio. Ella se me vino a la mente y le marqué a su celular. Le empecé a hacer las mismas preguntas que me hicieron y ella, con amabilidad, me dijo las respuestas. En ese momento, supe que este negocio no era tan sencillo como decían.

También me di cuenta de que, necesitaba conocimientos básicos sobre leyes, precios de mercado, habilidades negociadoras, entre otras aptitudes. Me di cuenta de que, tenía que invertir por lo menos en transporte, en internet, en una computadora, celular, copiadora, oficina, etc. ¡TENÍA QUE INVERTIR!

Contraté a un perito valuador. Son ingenieros o arquitectos, dentro del padrón de la entidad financiera que otorga el crédito, para la compra de la vivienda. Cuando fueron a hacer la visita para medir y tomar fotos, me comentaron que la casa no estaba en condiciones para ser vendida.

Eso me generó un costo a mí, porque les tenía que pagar la visita a la propiedad, aun cuando no fuesen a terminar el trabajo. Tenía que arreglar "los detalles" que tenía la casa, para poder ser vendida.

Estos conceptos y detalles, los tendrás que ir aprendiendo conforme entres al negocio. Pero es importante que sepas que hay mínimos requerimientos, por parte de las entidades financieras, para un crédito hipotecario, por lo menos en México. ¿Te gustaría saber todo esto antes de entrar de lleno al negocio?

Los vendedores no tenían dinero para hacer esas reparaciones. Tuve que hacerles un préstamo para que la vivienda se pudiera vender. Ya teníamos a los compradores listos. Todos los arreglos necesarios se hicieron. Volví a contratar al perito valuador para que hiciera la visita.

Cuando el trámite de compraventa estaba en la última parte, que es la firma de la escritura en la notaría, ¡me llevé una sorpresa! Yo no sabía que tenían que pagar impuestos los compradores. Y eso provocó que la venta, no se llevara a cabo porque no completaron el precio pactado.

Por eso es que decidí escribir este libro, para que no te dejes llevar, con solo mirar videos en YouTube o ir a un curso, donde te pueden decir solo lo que quieres escuchar.

Cuando entres a este negocio, es necesario que conozcas la verdad.

Con toda seguridad perderás dinero. Se te van a caer las ventas. Vas a hacer malos negocios. Trabajarás más de lo esperado. Te estresarás. Construirás. No venderás en el precio que querías y muchas otras cosas más.

Esto no es malo, esta es la única manera de aprender el negocio. Son las lecciones que el negocio de bienes raíces, y me atrevo a decir que cualquier negocio, te va a ensañar y solo será a través de estos fracasos.

Pero tienes que saberlo, porque sería una lástima que no estuvieras preparado para fracasar. Recuerda que el fracaso es parte del éxito. No existe ninguna fórmula secreta para ser exitoso, pero si existiese alguna, no dudo que la receta lleve "Fracasos".

Muchas personas no están dispuestas a fracasar. ¿Tú lo estás? Porque si tu respuesta es un "si" te irá muy bien en el negocio de los bienes raíces.

Todos los negocios tienen su grado de dificultad, nosotros nos dedicamos a la intermediación inmobiliaria, construcción de casas residenciales, medias e interés social y gestión inmobiliaria. Pero si a mí me hubieran asegurado que el fracaso es parte del éxito, no hubiera tenido tantos altibajos en mi emprendimiento. Hubiese tomado las cosas de una mejor manera.

A continuación te enlisto las mentiras de algunos negocios inmobiliarios, que suelen decir los que hablan de ello.

## Mentira 1 | Comprar casa y rentarla

En el año 2014, después de haber leído algunos libros y visto algunos videos. Mi esposa y yo platicamos acerca de comprar una casa con un crédito hipotecario, para rentarla a estudiantes y profesionistas. Total… eso decían los libros que había leído. Tomamos la decisión de tramitar un crédito hipotecario con un banco. Para esto, fuimos con una asesora financiera del banco de nuestra preferencia e hicimos la gestión con ella. Nos explicó que primero ella metería la solicitud de crédito, revisaría nuestro reporte de buró para saber qué tan buenos pagadores éramos. Después de aprobado el crédito, podríamos buscar una casa, de acuerdo con el crédito que el banco nos otorgaría para no poner dinero de nuestra bolsa.

El crédito fue aprobado una semana después de haber metido la solicitud y entregar toda la documentación.

En México, los créditos son por el 90% del valor de la propiedad o avalúo (detalle que no fue bien explicado, por la asesora que nos atendió). Ya con la seguridad del crédito aprobado, mi esposa y yo empezamos la búsqueda de la casa perfecta para comprar y posteriormente, rentarla.

Estábamos siguiendo lo que los libros decían. Era un negocio que, aparte de pagar la hipoteca mes a mes, nos quedaría algo de ganancia, tendríamos una utilidad mensual, utilizando dinero prestado.

—¿Quién no lo haría? —Pensé yo.

Después de un mes de buscar la casa ideal, encontramos una, cerca de la universidad donde habíamos estudiado mi esposa y yo. Sabíamos que había muchos foráneos estudiando en esta escuela y la casa se rentaría de inmediato.

La casa no era nueva, tenía detalles, habría que invertirle para poder rentarla. Los pisos eran antiguos, la tubería se veía vieja, los baños muy antiguos. Pero estaba a un excelente precio (según nosotros). ¡Nos animamos a comprarla!

El asesor que nos atendió, nos pidió alguna documentación y el nombre de la asesora del banco donde teníamos nuestro crédito. Él se encargaría de todo. A la semana siguiente de habernos decidido, el asesor fue a la casa donde vivíamos para firmar la promesa de compraventa, por el precio en el que se estaba vendiendo la casa. Firmamos el documento.

Mi esposa y yo esperábamos a nuestro primer bebé. Yo trabajaba para una empresa de Atlanta, Georgia, USA como consultor de tecnologías de información y mi esposa en una empresa local, dedicada a la consultoría de sistemas. Cabe mencionar que, también teníamos un par de locales de venta de ropa americana, en México.

En ese momento, yo trabajaba desde casa, en México y mi esposa tenía su incapacidad por el embarazo. Decidimos cruzar la frontera para tener a nuestro bebé, en Texas. Yo tenía mi visa de trabajo y mi seguro de gastos médicos mayores en Estados Unidos, no tuvimos ningún problema. Estando en McAllen, Texas, continuamos con el proceso de compraventa de la casa.

En un par de semanas, el avalúo estaba listo. La casa resultó de menor precio al pactado de compraventa. Recuerda que, en México, el crédito que te otorga el banco es del 90% del avalúo. Imagínate que, una semana antes de firmar la compraventa definitiva ante notario, nos dice la asesora del banco que nos faltan USD 4,000 para completar el pago de la casa. Más los gastos de escrituración que eran otros USD 4,000 que no iban incluidos en el crédito del banco (esa parte no nos la explicaron bien, insisto).

Desde allá, estábamos llevando la negociación con el asesor inmobiliario. Mi esposa no había cobrado su incapacidad en la empresa donde trabajaba. ¡Eso nos salvó! Más las ganancias de las tiendas de ropa.  Para cuando regresamos a México, mi esposa cobró su incapacidad y junto con las ganancias de las tiendas, pudimos pagar lo que nos faltaba para comprar la casa y pagar los gastos de escrituración.

Cuando se cerró por completo la venta, decidimos poner manos a la obra con los arreglos que necesitaba la casa. Nos encontrábamos muy emocionados, porque en unas semanas estaría lista para la renta. La casa era de tres recamaras, hicimos una cuarta, para poder rentarla también. Pusimos una cocina integral. Contratamos a un vivero para que nos pusiera un jardín frontal. La casa quedó en condiciones aptas para ser rentada y desde luego, habitada.

Decidimos amueblarla con camas, algunos muebles para las recamaras, sala y comedor para que estuviera mucho más presentable. Por fin estaba lista después de un mes.

Mi esposa, publicó en diferentes medios, las recamaras individuales en renta para hombres estudiantes o profesionistas. A los pocos días, teníamos varios interesados en la renta de las habitaciones. Analizamos cada uno de ellos y los citamos en la casa para entrevistarlos.

Después de entrevistarlos y leer la documentación que se les solicitó, teníamos nuestra decisión tomada. Elegimos a cuatro personas para cada una de las recámaras individuales, donde tendrían acceso a las áreas comunes de la casa. Solo las recamaras serían personales. Los servicios básicos como agua y luz, iban incluidos en el precio de la renta.

Después de un mes, cobramos a cada uno de ellos la renta. Todo iba conforme al plan.

Empezaron a salir detalles en la casa. Arreglos que se tenían que hacer. Pequeñas fugas de agua, la estufa había que cambiarla, el barandal de la cochera no cerraba bien, en fin, uno que otro detalle y mantenimiento en general. Que si bien, los detalles cuestan, todo eso era mi responsabilidad repararlo.

Pasaron algunos meses, mi esposa y yo platicábamos de los gastos fijos, más los gastos de reparaciones que estábamos teniendo con la casa en renta. Hicimos cuentas de lo que estábamos cobrando cada mes y cuánto estábamos gastando en la casa, menos la hipoteca mensual que teníamos que pagar.

Nos dimos cuenta de que, así como íbamos, no estábamos ni siquiera pagando la hipoteca de la casa. Y estábamos poniendo de nuestro dinero para solventarla.

¿Que estábamos haciendo mal?, nos preguntamos. Se suponía que el negocio de las rentas era para que te dejara un margen de utilidad mensual. Nosotros estábamos rentando cuartos individuales y no toda la casa porque si así fuera, tendríamos que rentarla más económica. Creímos que estábamos haciendo lo mejor para nosotros.

Investigamos más acerca de las rentas en Estados Unidos, -ya que los libros que habíamos leído eran de autores que vivían allá-. Pudimos observar que las tasas de intereses, de los bancos de USA, son mucho más bajas que los bancos de México. ¡Una tercera parte!

Imagina que yo pagaba diez dólares de intereses cuando ellos pagan tres o cuatro dólares. Esa era una clave del porqué nuestra hipoteca era un poco más elevada.

A esto también hay que sumarle que, en Estados Unidos, las rentas son mucho más caras que en México. Es por ello que, allá si funcionaba este negocio. Pero tenía que experimentarlo para entenderlo.

Mi esposa y yo estuvimos de acuerdo en vender la casa. Recuperar algo de dinero e invertirlo en algo más redituable. Si bien, no es mala idea comprar una casa con un crédito hipotecario para rentarla, para nosotros, no fue lo mejor que pudimos hacer en ese entonces. Nuestros planes iban más allá de hacer este tipo de negocios a largo plazo.

Vivir de las rentas, es algo que en un futuro me gustaría hacer. Pero creo que, primero hay que generar ingresos donde puedas pagar una o varias casas de contado, para poder rentarlas. Allí es cuando vas a vivir del negocio de las rentas. Cuando tu flujo de efectivo lo sigas teniendo.

Si vas a incursionar en este negocio, te sugiero investigar la tasa de interés, el CAT (Costo anual total) de tu préstamo. Y así, tomar una decisión de tu negocio. También investiga de dónde es el libro que leíste, qué te motivó a hacerlo, tal vez no sea la mejor opción de invertir en el país que quieres.

## Mentira 2 | No tienes que invertir

Creo que para cualquier negocio al que vayas a incursionar necesitas inversión. Cualquiera que sea la cantidad, pero la vas a necesitar.

Recuerdo mi primera transacción inmobiliaria. Era una compraventa "simple" de una casa de interés social en mi ciudad natal, Saltillo, en Coahuila, México. Yo estaba trabajando aún como consultor de SAP (System Applications and Products in Data Processing) de Estados Unidos. Trabajaba desde casa, al terminar mis labores, me dedicaba al negocio de los bienes raíces.

La casa de la que quiero platicarte, tardé en venderla aproximadamente dos meses. En ese lapso, tuve de quince a veinte citas para mostrarla.

Después de ese tiempo, una familia decidió comprar la casa. Les quedaba muy cerca de donde trabajaban. Me comentaron que la casa como tal, no importaba mucho como fuera, ellos querían algo cerca de sus lugares de trabajo y ya.

Empecé el proceso de venta. Tuve que citarlos al día siguiente en la casa que estaban por comprar, porque yo aún no tenía oficina física para atenderlos. Antes de la cita, tuve que imprimir los formatos necesarios para tramitar el crédito hipotecario que usarían en la compra de la vivienda. También, antes de la cita, llamé a la arquitecta encargada de hacer los avalúos inmobiliarios para que fuera a la casa a revisar y medir, que es uno de los requisitos para el crédito.

Ingresé el crédito a una institución financiera después de tener los documentos firmados y el avalúo inmobiliario. Ya ingresado el crédito y aprobado, lo llevé a una notaría para que elaboraran la escritura de compraventa.

Un par de semanas después, la escritura estaba lista para que, tanto el vendedor, como el comprador, pudieran firmar la escritura.

Te cuento esta historia, porque tuve que manejar de un lado a otro, varias veces para mostrar la casa, regresar a la firma de solicitudes, llevar el expediente a la institución financiera, llevarlo a la notaría, firma de escrituras, etc. Todo eso genera un gasto de dinero que yo tuve que hacer, si no hubiese tenido carro, el gasto hubiera sido mayor. Sin contar el gasto que tuve que hacer para mi teléfono celular, copias que tuve que imprimir, cursos que tuve que tomar para saber el proceso.

A final de cuentas, tuve que hacer gastos. Tuve que invertir para poder llevar a cabo el negocio.

Una prueba más de que SÍ tienes que invertir si quieres hacer negocios en bienes raíces, fue cuando mi esposa y yo compramos la casa para rentar.

Te comentaba que yo había leído algunos libros donde la premisa principal era: *Invertir sin dinero en bienes raíces.*

Estos libros me pintaban el panorama en un muy buen escenario, no en *el peor*, ni en el *más o menos,* sino en el mejor; lo que me parece muy mal porque la realidad es otra. Yo creo que lo ideal es hacerle saber a los lectores que, lo más seguro es que tengan que invertir.

La verdad es que el título de un libro que te dice que generarás miles de dólares sin inversión, es muy atractivo, hasta que empiezas a leerlo. ¿Te ha pasado?

La casa que compramos mi esposa y yo para rentar, era algo que se veía muy simple. Generaríamos dinero, sin nuestro dinero. Lo cual era algo fabuloso. Y según los libros no tendríamos que invertir absolutamente nada.

Te comentaba que había gastos de escrituración que teníamos que pagar, porque el banco no prestaba para eso. Tuvimos que pagar un avalúo inmobiliario, que era requisito para el otorgamiento del crédito. También el banco solo nos prestaría el 90% del valor del avalúo inmobiliario.

Es importante saber en qué terreno nos estamos metiendo para no salir con sorpresas.

Tu podrás decir: *No fue el mejor negocio que pudieron haber hecho* y tal vez es cierto, pero pongamos un mejor escenario en la compra de una casa. Supongamos que la casa la están rematando porque a los vendedores les urge el dinero. Tuviste la fortuna de que te tomaran en cuenta usando un crédito para adquirir esta vivienda (por lo regular, las casas en remate, se venden como *pan caliente* en efectivo).

| Concepto | Cantidad en dolares |
|---|---|
| Valor comercial avalúo | $100,000.00 |
| Crédito hipotecario 90% | $90,000.00 |
| Valor de la casa | $90,000.00 |
| Gastos de escrituración 7% | $7,000.00 |
| Costo del avalúo .03% | $300.00 |

*Figura 1*

En esta tabla, estarías pagando USD $7,300 entre gastos de escrituración y el pago del avalúo comercial, por lo menos. Para comprar una vivienda de un valor comercial de USD $100,000 terminarás invirtiendo cierta cantidad de dinero.

En este ejemplo estoy tomando en cuenta de que eres apto para un crédito hipotecario, que cuentas con los ingresos comprobables suficientes para un crédito de esta cantidad. Quiere decir que estás trabajando o tienes algún negocio propio.

Pudiera poner más hipótesis de los créditos hipotecarios, pero la verdad es que hay muchas variantes; sin embargo, en casi todas ellas tienes que invertir.

## Mentira 3 | El negocio es para todos

El negocio de los bienes raíces, si bien, es cierto que es algo complicado para las personas que no tienen algunas aptitudes, no cualquiera puede hacer negocios en este ámbito. A lo que me refiero es que, si no te gusta interactuar con la gente, no eres una persona paciente, dedicada, honorable, comprometida y, sobre todo, que te guste solucionar problemas, este negocio no es para ti.

A lo largo de mi carrera como consultor inmobiliario he notado que mucha gente se deja llevar por las ganancias que puedes tener en el mundo de los bienes raíces. Las comisiones que puedes llegar a generar son muy atractivas, es por eso que a muchos les llama la atención. Te voy a poner un ejemplo.

La venta de comida es un negocio bastante honorable que tiene muy buena utilidad. Como sabemos que es un negocio rentable, muchos deciden dedicarse a vender comida.

Estando dentro del ramo, las personas se dan cuenta de que no es tan fácil como parece.

No sé mucho de ese oficio. Supongo que tienes que tener una buena administración de los recursos, contratar a alguna persona para cocinar o si tú cocinas ya es ganancia, tienes que tener una buena sazón, pagar renta de local, pago de personal, entre muchas otras cosas más. Pero como solo pensaste en las ganancias que dejaba la venta de comida, te cegaste en los puntos importantes. En las cualidades que debes tener, cuando quieres emprender un negocio.

Es totalmente lo mismo en el negocio de los bienes raíces. Te dejas llevar por las ganancias que puedes obtener, pero no piensas en ese momento en las aptitudes que debes de tener.

Recuerdo un curso al que fui hace tiempo, en la ciudad de México. Me inscribí un mes antes del evento, pagué y separé mi vuelo. Era un curso de bienes raíces llamado: *Las doce formas de invertir en bienes raíces*. Con boleto en mano, tomé mi vuelo de una hora un jueves, de Saltillo a la Ciudad de México. Me quedé hospedado en el mismo hotel donde fue el curso.

Al día siguiente, me levanté a las 7:00 am a bañarme y desayunar. El evento empezaba a las 9:00 am. Llegada la hora, bajé al salón donde sería el evento. Me registré y me dieron mi kit de bienvenida. Para mi sorpresa éramos aproximadamente cien personas en el salón. Todos dispuestos a escuchar las doce maneras de invertir en bienes raíces, que el ponente explicaría.

Al lado mío, estaba una persona de la ciudad de Puebla. Me dijo que ella estaba allí porque tenía un amigo al que le iba muy bien construyendo casas. Quería saber más del negocio. Todavía no pasaba ni una hora cuando ya se estaba durmiendo. Ella fue porque quería tener las ganancias de su amigo, no porque le gustara estar en el negocio.

Tengo un muy buen amigo, al cual aprecio mucho. Se llama Juan. Él y yo trabajamos juntos como consultores SAP por mucho tiempo. Los dos trabajábamos desde casa en nuestros proyectos. Te comentaba que tenía mi inmobiliaria funcionando, mientras yo también trabajaba en la empresa de tecnologías de información. Incluso ya tenía mi oficina equipada por completo. Juan solía venir a trabajar a mi oficina muy seguido, le servía de distracción para no estar todo el día en su casa.

Juan veía que teníamos trabajo en la inmobiliaria. Estábamos construyendo, remodelando, haciendo intermediación, entre otros negocios. Él pensó que, tal vez, él también podía poner su propia inmobiliaria, lo que me consultó. Yo le dije que lo apoyaba, que cualquier cosa que necesitara yo estaba allí para explicarle.

Al poco tiempo, creó un logotipo para su inmobiliaria y empezó a publicarse en Facebook. Empezó a recibir llamadas de clientes potenciales que querían vender su casa y buscaban sus servicios. Concretó una cita para la venta de una casa. Me pidió que lo acompañara a la cita que tenía, por si surgía alguna duda. Fui con él y esperé en el carro mientras él atendía al cliente. Después de veinte minutos, salió de la propiedad, se subió al carro y empezó a platicarme que había algunas preguntas que no supo responder. Me dijo que la casa estaba un poco maltratada, muy obscura. Sin embargo, le daría seguimiento a su cliente.

A la semana siguiente que lo vi en la oficina, le pregunté cómo le había ido con su cliente. El seguimiento que le dio había sido positivo o no. Me dijo que ya no se había comunicado con él. Lo dejaría para después. Tenía mucho trabajo. Después le comentaría a su esposa para ver si ella podía ayudarle.

Lo que te quiero decir es que, si lo haces solo por dinero, esto no es para ti. Necesita gustarte lo que haces. Necesitas sentir ese fuego dentro de ti, que te mueve a hacer negocios inmobiliarios. No todo es lo que parece. Pareciera que es fácil, que cualquiera lo puede hacer. Como si cualquier persona pudiera vender, construir o negociar. Tenemos que ser sinceros con nosotros mismos.

Yo trabajé más de nueve años en algo que no me gustaba, queriendo hacer que me gustara. Sin embargo, nunca pude hacerlo. Había algo dentro de mí que me decía que eso no era lo que yo sabía hacer mejor en esta vida. Estaba seguro de que ese trabajo no era para mí. Hasta que me adentré en el mundo de los bienes raíces. Desde el primer momento que entré, supe que esto era algo que podía hacer incluso gratis. Hablar con la gente, escucharlos, negociar, formar parte de un proceso de venta o renta, llegar a ser más que un vendedor de casas. Esa es mi pasión. ¿Sientes que esta es tu pasión también?

## Mentira 4 | Te vas a hacer millonario en pocos meses

¿Cuántos cursos o anuncios has visto que dicen que, haciendo esto o aquello, te volverás millonario en un mes, un año o menos? Yo también he visto muchos. En esta época, cuando estamos bombardeados de anuncios en las redes sociales, muchos de los que hablan de negocios en los bienes raíces, utilizan esta publicidad para vender sus cursos. Está bien, en ningún momento estoy diciendo que esté mal. Pero seamos realistas, ¿cuántas personas conocemos que se han vuelto millonarias en ese periodo de tiempo? Yo tampoco conozco ninguna.

Conozco personas millonarias que nacieron en cuna de oro. Me refiero a que fue un negocio familiar el que se les heredó o continuaron con él. Pero la verdad es que, a sus papás, fue a los que les costó años ser millonarios.

¡No me malinterpretes! Si digo que es muy poco probable convertirte en millonario en solo unos meses, tampoco he dicho que sea imposible. Aunque sí creo que es bastante complicado. Se me pudiera estar pasando algún millonario que inventó el hilo negro, alguien que ganó la lotería, una aplicación exitosa o un youtuber famoso.

En el negocio de los bienes raíces, hay que trabajar para lograr, en algún momento, ser millonarios. Pon los pies sobre la tierra y pregúntate: Si en este negocio, en unos cuantos meses te haces millonario, según dicen, ¿por qué no todos lo hacen?

No te dejes llevar por los anuncios, que si bien, es cierto que buscan llamar tu atención (¡y funciona!). También tus expectativas, al llegar a un curso que te dice esto, van a ser muy altas. Querrás escuchar la fórmula secreta de las grandes inmobiliarias y a los mejores constructores del mundo, para ser millonario de la noche a la mañana. Tampoco te estoy diciendo que no asistas a ningún curso o taller de emprendimiento. Todos son buenos. De todos hay algo bueno que llevarte a casa. Lo que te quiero decir es que, si no llegas a ser millonario en los meses que te dijeron, no te sientas mal, estás empezando un proceso que te puede llevar a ser millonario en algún momento de tu vida.

Puedes descubrir lo que en realidad te apasiona. Lo que en realidad te mueve. Como te decía antes, lo que pudieras hacer gratis.

# Capítulo 3 | Intermediación Inmobiliaria

*La intermediación inmobiliaria es un servicio profesional, tanto para compradores como para vendedores. Pone a su disposición los conocimientos y experiencias para realizar todos los trámites de compraventa de una propiedad, de manera satisfactoria.*

*Cuando una persona pretende vender o alquilar, el proceso para ello, puede resultar confuso y hasta complicado. Términos como avalúo o contrato arrendatario, presentan un problema para un cliente primerizo que desconoce este mundo.*

*Sin embargo, no tiene por qué ser así, gracias al intermediario inmobiliario. Entre las ventajas de contratar sus servicios, es el de estar asesorado en todo momento durante el proceso y, además, que ayuda a efectuar todos los trámites correspondientes. (García, 2019)*

## Intermediación en la venta de propiedades

Esta forma de realizar negocios en los bienes raíces, la considero como la mejor para empezar. Conocer el mercado y empaparte de los conceptos del negocio. Es buscar a la persona que vende y a la persona que compra y recibir una comisión por ello.

Aunque parece muy sencillo, no lo es. Cuando me decidí a emprender en los bienes raíces, tomé la decisión de empezar con esta técnica.

—¿Qué tan difícil puede ser? —pensé.

Para mi sorpresa, empecé a batallar para encontrar personas que quisieran que yo les vendiera su casa. No tenía experiencia. Había preguntas que no sabía responder. No sabía los valores comerciales de una propiedad.

Recuerdo que una persona de nombre Ricardo, me marcó a mi celular. Yo estaba empezando. Hacía intermediación inmobiliaria. Ricardo quería vender su casa. La casa estaba ubicada en una zona popular de la ciudad. La cita era a las 5:00 pm en la casa que quería vender. Al momento de llegar, vi que la calle no estaba pavimentada. La casa estaba deteriorada. El plafón se estaba cayendo, detalles de pintura, entre otras cosas.

Con la poca o casi nada de experiencia que tenía, di un valor aproximado de la vivienda. Le di a Ricardo los requisitos que se necesitaban para vender su propiedad. A la semana siguiente, él ya tenía todos los requisitos listos para empezar con el trámite.

Me di rienda suelta con la promoción del inmueble en redes sociales. Publiqué en varios grupos de venta de casas y hasta en grupos que no eran precisamente de venta de viviendas. Al día siguiente, tenía alrededor de diez personas que estaban interesadas en la propiedad. Tal vez, había puesto el precio muy bajo o algo había pasado, porque tenía mucha gente interesada.

No les hice ninguna pregunta o algún estudio económico antes de la cita. Solo querían verla y yo agendé citas. Mis citas fueron desde las 4:00 pm hasta las 7:00 pm, un jueves. La primera cita fue una señora que me dijo que compraría con un crédito hipotecario de INFONAVIT (El Instituto del Fondo Nacional de la Vivienda para los Trabajadores). Ella quería comprar la casa.

—¿Qué voy a hacer con las siguientes citas? —me pregunté.

Cancelé todas las citas que tenía después de mi primer cliente.

—¿Y ahora qué sigue? —pensé.

Volví a marcarle a la persona que conocía. Me dijo que me tenían que pagar un avalúo el cual, era requisito para un crédito con INFONAVIT. El costo del avalúo también dependía del valor de la vivienda. Tenía que juntar cierta documentación para poder iniciar con el proceso. Me dio una lista de requisitos que tenía que juntar la persona que iba a comprar la casa.

Una semana después ya tenía todos los requisitos listos. Era momento de contratar a un perito valuador para hacer el avalúo. Quedó agendada la visita del perito valuador un sábado a las 10:00 am. Yo estaba emocionado de conocer el proceso de venta, quería saber qué haría el perito valuador al momento de ver la casa.

Llegado el sábado, yo estaba allí a las 9:50 am esperando al perito valuador. Fue una arquitecta la que llegó al domicilio. Se bajó del automóvil, vio la propiedad y me habló. Me comentó que la casa no estaba en condiciones para un crédito hipotecario. La calle necesitaba estar pavimentada. Faltaba arreglar muchos detalles de la casa. En concreto me dijo que no se podía hacer ningún avalúo para esta propiedad.

En ese momento, me di cuenta de que me faltaba aprender mucho de ese oficio. No era solamente buscar a la persona que vende y la persona que compra. Tenía que saber sobre valuación, procesos, cuestiones legales y experiencia en otras áreas. No era tan fácil como lo había pensado.

## Intermediación en la renta de propiedades

Las intermediaciones en las rentas de propiedades, son algo muy redituable también. Son comisiones rápidas. Aquí lo que normalmente se cobra es el primer mes de renta o el depósito, que es de un mes. A mí me gusta manejarlo como el primer mes de renta. De esta manera el propietario no siente que el depósito ya se le fue de las manos. Cuando le toca entregarlo no piensa que fue tu paga la que va a entregar.

Hay personas que creen que ellos mismos pueden rentar.

—¿Para qué pagar una comisión por rentar su casa? —piensan.

Sin embargo, para rentar propiedades tienes que saber a quién le rentas.

Nosotros, los que formamos parte de una asociación inmobiliaria, la más reconocida en México (AMPI), tenemos una base de datos de personas fraudulentas o que han dejado en malas condiciones las casas. Eso ayuda mucho al propietario para no caer en manos de estas personas.

También revisamos el estatus socioeconómico de la persona que va a rentar. Necesitamos saber su salario y la consulta de buró de crédito.

Otra cosa que hacemos, son contratos de renta muy bien diseñados para renta de propiedades. Dependiendo de si es una casa, departamento, local comercial, bodega, nave industrial, etc. Ahora con la nueva *Ley Extinción de Dominio* tenemos que tener cuidado con las cláusulas de los contratos.

Te repito que no solo es encontrar al arrendador y al arrendatario para poder hacer un negocio; se debe saber lo que se está haciendo. No es tan fácil como parece.

## Desventajas de la intermediación inmobiliaria

Una de las desventajas más grandes en mi país, que es México, es que no existe una licencia inmobiliaria. Cada vez hay más y más asesores sin experiencia, que están iniciando en este negocio y demeritan el trabajo del asesor inmobiliario, cobrando comisiones muy por debajo del estándar.

Sugiero a todas las personas que empiecen en la intermediación inmobiliaria, contar con el soporte de un asesor experimentado. Otra cosa que hacen muchas personas antes de empezar, es entrar a trabajar en una inmobiliaria. Aunque compartirás la comisión con la franquicia, adquirirás experiencia, ya que te sientas cómodo y con los conocimientos necesarios, podrás emprender solo.

Estos "asesores" van con el cliente, con tal de que contraten sus servicios, cobran una comisión de un 3%, cuando se maneja un 5% como un estándar. Menosprecian todo el trabajo que, en realidad, hay que hacer para lograr una compraventa exitosa.

También hay asesores con experiencia pero que abusan de las personas que menos tienen. Hay una línea muy delgada entre ayudar y abusar de las personas que depositan su confianza en nosotros para vender o rentar sus propiedades. Debemos tener cuidado de no sobrepasar esta línea.

Cobrar una cantidad exagerada por sacar copias de la documentación es abusar de la gente. Para mí eso es parte de mi servicio. No deberíamos cobrar por sacar copias, pero si lo hacemos, cobrar lo justo es lo menos que puedes hacer. También el dar un valor muy bajo a la propiedad de tu cliente, se me hace una bajeza. Eso lo hacen para venderla rápido y cobrar su comisión.

## Ventajas de la intermediación

Una de las ventajas de estar en la intermediación inmobiliaria es la administración del tiempo. Mi esposa y yo estamos muy contentos con lo que hacemos en este negocio.

Por ejemplo, pasamos más tiempo con los niños, a diferencia de que estuviéramos trabajando para una empresa.

Administramos nuestro tiempo para atender las actividades escolares. Tomar tiempo para nosotros y tiempo con toda la familia.

Cuando nos gusta lo que hacemos, no parece que estamos trabajando. A mi esposa y a mí, nos encantan las ventas. Nos gusta lidiar con problemas. Resolver asuntos patrimoniales en una relación. Escuchar a nuestros clientes es algo que apreciamos porque nos dan la confianza de conocer su situación.

Es un negocio redituable una vez que te das a conocer. Empiezas a tener cartera de clientes, constructores que quieren que tú les vendas las propiedades.

No fue de la noche a la mañana que las personas confiaron en nosotros. Tomó tiempo de que conocieran lo que hacemos y cómo lo hacemos. Que reconocieran que somos personas íntegras, honestas y una inmobiliaria en la que se puede confiar.

## Intermediación inmobiliaria en el día a día

En la intermediación, aun cuando ya tienes experiencia, siempre habrá algo que se te pueda escapar. Todos los días hay que aprender algo nuevo porque nunca sabremos todo. Siempre hay que buscar capacitaciones, talleres y sumarte a asociaciones que te ayuden a crecer.

Recuerdo que entré a un curso de iniciación para ser agente inmobiliario. Yo ya tenía aproximadamente cuatro años en la intermediación inmobiliaria.

Tomé el curso porque en el temario había algunos de mi interés, aun cuando el curso era de introducción a esta profesión.

Al finalizar el curso, que duró dieciocho horas, me llevé algunas cosas muy relevantes para mi oficio. Aprendí el cálculo de impuestos que era algo que se me complicaba demasiado. Eso me ha ayudado a cerrar operaciones.

Cuando creemos que sabemos todo, siempre hay algo que se nos escapa y ese algo nos puede ayudar a cerrar ventas.

## Conceptos Básicos

Empezaremos por aprender algunos conceptos básicos para que podamos entender el proceso.

**Asesor:** Es una persona que se dedica a ser el intermediario entre el comprador y el vendedor. Es simple, yo quiero vender mi propiedad así que, le doy mi casa a un asesor para que la venda y lleve toda la gestión. El asesor es el encargado de buscar un comprador para la casa.

**Consultor:** Es parecido al asesor, solo que yo llamo consultor inmobiliario a una persona que te ayuda con impuestos y una gestión más rápida.

**Broker:** Es una persona autorizada por diferentes instituciones crediticias, para calificar a posibles clientes que deseen un crédito hipotecario.

**Notaría:** Son oficinas operadas por un notario, el cual es un funcionario público del Estado, obligado a proporcionar seguridad jurídica a sus clientes. Es aquí donde se firman las compra-ventas de inmuebles.

**Avalúo:** Es un documento, el cual tendrá un estudio de mercado de acuerdo a la zona de la propiedad, metros de terreno, metros de construcción, años de vida, materiales, entre otros conceptos. Te dará a conocer el valor del mercado de la propiedad. Normalmente estos avalúos son utilizados para la gestión de un crédito hipotecario. Algunos tipos de avalúos son: Informativos, referidos y comerciales.

## Etapas de la intermediación

Existen tres etapas en la intermediación inmobiliaria. Te voy a explicar cada una de ellas para que las empieces a analizar. Tal vez a tu mente vengan otras ideas más innovadoras

Figura 2

## Etapa uno| Captar

La captación inmobiliaria es la actividad donde nosotros atraemos a clientes que busquen nuestros servicios para la promoción y venta de propiedades. Las propiedades más comunes para renta o venta son: casas, terrenos, bodegas y departamentos.

Esta etapa, para mí es la más difícil de todas, diría que es el 70% del trabajo y es lo más complicado cuando estamos empezando en este negocio. Recuerdo que cuando comenzamos, lo primero que hicimos fue promocionarnos en Facebook, totalmente gratis en los grupos, ofreciendo nuestros servicios de asesores inmobiliarios, "Inmobiliaria PEVAZ" (Peña Vázquez).

Nosotros no teníamos el conocimiento necesario para esta labor. Conocíamos a alguien que sabía todos los procesos a la perfección, un compañero de un trabajo que tuve hace mucho tiempo que me decía: *Lo importante no es saber todo, si no saber a quién preguntarle.*

Estábamos al tanto de que, si le preguntábamos a nuestro conocido, sin problema, nos diría el proceso. Fue así como empezó la aventura de la intermediación inmobiliaria.

Empezamos en Facebook y comenzaron los mensajes. Comentarios de personas que buscaban una casa, no de personas que querían vender alguna propiedad.

Algunos de ellos eran así: *¿Disculpa tendrás una casa en tal colonia?, ¿disculpa ando buscando una casa de este precio, tendrás?, ¿estoy buscando al dueño de esta propiedad me puedes dar informes?* Creo que la pregunta más constante era: *¿Me puedes revisar mis puntos de Infonavit?* (Instituto del Fondo Nacional de la Vivienda para los Trabajadores), institución que otorga créditos hipotecarios para empleados en México.

Esto es lo que hemos notado, que este es el principal problema cuando alguien comienza. Hay mucha más gente buscando casas, que vendiéndolas. Imagínate cómo nos sentíamos mi esposa y yo, al darnos cuenta de que nadie nos buscaba para ayudarlos a vender una propiedad. También nos preguntaban *¿Qué experiencia teníamos?, ¿cuántas propiedades habíamos vendido?* Y había una pregunta muy frecuente: *¿Dónde tienes tus oficinas?*

A esta última pregunta, no sabía qué contestarles. Nuestra oficina era la casa donde vivíamos. Yo no quería decirles que llegaran a mi casa a revisar documentación o cualquier otro trámite, con la inseguridad que se vive en el país. Las personas que son de México me podrán comprender.

Ahora bien, recibimos nuestra primera propiedad después de algunas semanas de no desesperarnos y seguir con la promoción gratis. Es por eso que considero que captar, es lo más complicado.

Te voy a pasar algunos tips que nos han ayudado a captar propiedades y que, si los utilizas, estoy seguro de que te van a servir y tendrás más éxito.

## Facebook

Como te comentaba, la publicidad en esta plataforma es gratuita y puede que te salga un cliente o dos. Anúnciate en grupos de tu ciudad o alrededores y en tu perfil; pero ten mucho cuidado con lo que subes. Personas que empiezan a hacer publicidad de esta menara y comparten videos o posts que no permiten a las personas que están buscando un asesor/consultor, confiar. Así es que, si vas a utilizar esta plataforma ten cuidado con lo que subes, te recomiendo crear otro perfil donde seas formal.

Ahora bien, existe otra forma de hacer publicidad en Facebook y es pagando para que tus anuncios sean, en automático, generados y segmentados. Al decir segmentados quiere decir que puedes hacer la promoción solamente en tu ciudad y sus alrededores. Que quieres que el anuncio solo les aparezca a personas de cierto rango de edades, entre otras opciones que existen para segmentar tu público. Aquí, tú decides cuánto dinero quieres invertir en tu anuncio. La verdad es que es muy efectivo. Al principio nos daba miedo pagar publicidad en Facebook. No sabíamos si nos iba a funcionar o no. Pensábamos que perderíamos el dinero invertido. Pero créeme que es totalmente efectivo y acá entre nos, en nuestra inmobiliaria es la publicidad No. 1 que tenemos. Nos genera un buen número de casas captadas por mes. No tengas miedo de invertir en esta plataforma. Piensa en lo que gastas en otras cosas innecesarias que no te generan ingresos y que cuando inviertas aquí, podrás recuperar esta inversión en tu primera venta.

## Familiares y Amigos

Empieza a decirles a tus familiares y amigos que te estás dedicando a la intermediación inmobiliaria. Si quieren vender o rentar alguna propiedad, tú eres el indicado para hacerlo. Este tipo de publicidad es, de cierto modo, más fácil que la publicidad en Facebook porque es gratis y la confianza de tu cliente ya la tienes en la bolsa. Te recomiendo que tengas tus tarjetas de presentación formales, esto genera aún más confianza. Con las tarjetas de presentación no vendes tu número telefónico, vendes la formalidad y confianza.

## Herramientas de mensajería instantánea

Estas herramientas de chat, son muy populares en este siglo. Pueden ser WhatsApp o Telegram, y es que, muchas personas prefieren enviar mensajes de texto que hablar con alguien por teléfono. Lo primero que te recomiendo, es tener tu perfil de negocio separado de tu perfil privado. Puedes subir una foto con el logotipo de tu inmobiliaria, esto genera confianza con tus posibles clientes. Probablemente te empiecen a preguntar por este medio.

Las personas que decidan comenzar por este camino, considero que deben de tener las siguientes aptitudes:

**1. Facilidad de Palabra:** Si tú no te consideras como alguien que pueda expresarse con facilidad, hay dos cosas que puedes hacer. Desarrollar esta parte o desarrollar esta parte. Es duro lo que estoy diciendo, pero es lo más directo que puedo ser. No te quiero engañar diciendo que cualquier persona puede dedicarse a la intermediación inmobiliaria. Hay personas que son buenas para escuchar y otras que son buenas para hablar. Imagina la situación donde estás con tu futuro cliente. Él o ella te pregunta: *La verdad no sé en cuanto puedo vender mi propiedad, ¿usted qué opina?* Asumamos que sabes qué decir. Pero no lo dices de una manera coherente o confiable. Esto genera algo de incertidumbre en tu cliente y piensa: *¿En realidad esta persona sabe?, ¿estaré dejando mi propiedad en buenas manos?* Debes tener seguridad al hablar para que puedas enganchar a tu cliente.

**2. Honestidad:** Ser honesto es parte importante en este negocio. Hay una línea muy delgada entre ayudar o abusar. Conforme vayas entrando en esta labor, te vas a dar cuenta de que es totalmente cierto. Y es que, *en tierra de ciegos el tuerto es rey.* Y ¿por qué te digo esto? porque, aunque tu conocimiento no sea el suficiente, por lo menos sabes más que tu futuro cliente. Sabes cuánto cuesta un avalúo, un plano, etc. Y esto te da el poder de tomar decisiones que pueden llegar a ser deshonestas. Toma en cuenta que este cliente te puede dar más clientes en un futuro.

**3. Compromiso:** Si no tienes compromiso con tus clientes, poco a poco, perderás credibilidad. El compromiso con tu cliente es sumamente importante. Si tú le dices a tu cliente que vas a poner una lona/anuncio de venta el lunes, tienes que ponerle la lona el lunes. Si te comprometes a publicar su propiedad de inmediato, lo tienes que hacer como lo prometiste. Es por eso que existen contratos de exclusividad, que no solamente son para que tú te protejas, si no para que también tu cliente se proteja de tus compromisos.

## No pierdas el tiempo, califica antes a tus clientes

Algo que yo hacía al empezar este negocio, es que recibía una llamada de un posible vendedor, y de inmediato me emocionaba. Tomaba su dirección y concretaba la cita. Llegaba al domicilio a la hora acordada. Tocaba la puerta. Salía el vendedor y empezaba la terapia. Porque así es amigos. Tú también la haces de terapeuta. Te cuentan de todo, problemas familiares, de trabajo, enfermedades. Todo lo que te puedas imaginar. Al fin, llegábamos al punto. Entrabamos en materia.

Estos son algunos problemas que me llegué a encontrar:

1. No tengo ningún documento que avale que yo soy el dueño.
2. Tengo un contrato de compra venta solamente, pero nunca hice una escritura a mi nombre.
3. La propiedad era de un familiar que falleció y no habían promovido ningún juicio, ni tampoco dejó testamento.

Estos son solo algunos casos que se pueden suscitar.

Te comparto algunas preguntas que tenemos en nuestro formato de "NO PERDER EL TIEMPO"
- Nombre del cliente
- Teléfono(s)
- Fecha de Contacto
- Asesor
- Dirección de la propiedad
- ¿La casa está rentada o los dueños viven allí?
- ¿La casa la compró soltero/a o casado/a?
- En caso de haber comprado la casa casado/a, ¿su esposo/a está de acuerdo en vender?
- Tipo de hipoteca en caso de tener: Infonavit/Banco/Fovissste
- Tipo de crédito: Conyugal/Tradicional
- Número de Seguro Social
- Adeudo
- ¿La Hipoteca se sigue pagando?
- En caso de que no se esté pagando, ¿desde cuándo no se paga?
- Cita
- Comentarios

Lo más importante a destacar aquí son los siguientes puntos:

Si la casa la compró casado/a, los dos deben de estar de acuerdo en vender la propiedad. Por lo menos en México así es. Si uno no está de acuerdo en vender, no se podrá llevar a cabo la venta. Es por eso que es importante preguntar esto antes de la cita presencial.

Algo muy importante es el contrato de exclusividad, te lo mencioné antes. Este contrato es un compromiso entre tú y tu cliente, en el cual queda por escrito los acuerdos que tienen que cumplir ambas partes. El punto más importante es que tú serás la única persona o inmobiliaria que podrá hacer la gestión de la compraventa. Te recomiendo que revises con tu abogado el contrato para que se acomode a tus necesidades.

Estos son solo algunos puntos importantes que hay que tomar en cuenta.

1. Dirección y datos de registro de la casa en venta
2. Precio de la propiedad en venta
3. Comisión pactada
4. Compromiso de publicidad
5. Compromiso de exclusividad que normalmente se hace por tres meses

Este contrato le sirve al asesor para que el cliente no haga trato con más asesores o inmobiliarias al mismo tiempo. De esta manera protege su trabajo. También queda por escrito que promocionaremos la propiedad en los medios necesarios para su venta. Si el cliente no ve que estamos promoviendo la propiedad podríamos meternos en problemas legales.

## Etapa dos| Promocionar

Las campañas publicitarias son parte fundamental para la venta de una propiedad. ¿Cómo puedes vender un inmueble si las personas no saben que lo estás vendiendo?

Estamos en una época en que la publicidad más efectiva es la digital. Al publicar un inmueble, es importante poner fotos en los diferentes portales que te menciono en los siguientes párrafos. A una propiedad sin fotos, es poco probable que las personas le pongan atención.

También es importante que la descripción sea, tanto de las características de la casa, como de la zona (Oriente, Poniente, Sur, Norte). Por ejemplo: *Se vende casa ubicada en zona centro, casa cerca de escuelas, transporte público accesible, tiendas de conveniencia, cerca de hospitales, a cinco minutos del super-mercado, zona segura, residencial, etc. Planta alta: cuenta con tres recámaras cada una con baño vestidor, planta baja: sala, comedor, cocina, etc.*

Existen diferentes medios de promoción para vender una propiedad, te enseñaré los que utilizamos en nuestra empresa y nos han resultado muy efectivos.

## Facebook

Sin duda alguna, esta herramienta es la más efectiva para nosotros y es totalmente GRATIS, así es, GRATIS. Así como lo lees. Te explicaré paso a paso lo que hicimos.

Primero creamos un perfil "personal", llenamos todos los datos personales. Después de eso nos dimos de alta en los principales grupos de casas en venta de la ciudad o cualquier grupo de ventas.

Una sugerencia es buscar los grupos con palabras claves como: "casas", "ventas", "inmuebles" y te unes a ellos. Yo, en lo personal, me uno a la mayoría, aun si tiene pocos miembros. Ya que te unas a los grupos, podrás publicar las propiedades que captes.

En la actualidad sabemos que muchas personas navegan en Facebook y es muy probable que vendas la propiedad por este medio.

## CRMs Inmobiliarios

Existen diferentes programas que te ayudan a publicar las propiedades en diferentes sitios web, con solo ingresar la información una vez.

Un CRM (Customer Relationship Management) es un sistema que te ayuda a centralizar tu información en un solo lugar. ¿Qué quiere decir? Que tus contactos, compradores y vendedores, los ingresamos en este sistema; propiedades, estadísticas, compartir propiedades y muchas otras cosas.

También te permite tener una página web de tu inmobiliaria. Algunos de los CRMs más populares en México son: Easy-Broker, NocNok, SAARI y Wiggot.

Los Sitios Web más populares en México son: www.segundamano.mx, www.lamudi.com.mx, www.mitula.mx, www.trovit.com.mx www.vivanuncios.com.mx.

## Anuncio Publicitario en Lona

Este tipo de anuncio, aunque parezca anticuado, es uno de los métodos más eficaces que existen. Los clientes más potenciales son las personas que viven por ese sector o que en su ruta diaria se topa con tu anuncio. Buscan casa para un familiar, amigo o alguien cercano.

Estos son los medios de promoción más populares. Sé que puede haber más, pero son los que nosotros usamos y que nos han dado mejores resultados.

## Etapa tres| Vender

Algunas inmobiliarias llenan formatos de cada una de las visitas que tienen a las propiedades en venta. Estos formatos o reportes, son para los dueños. Con esto pueden saber cuántas personas han visitado el inmueble y puedan decidir sobre cambio de precio, arreglo de detalles del inmueble o seguir con la exclusiva.

Una vez que nuestras campañas publicitarias surtieron efecto y ya tenemos a nuestro prospecto comprador, es hora de empezar con la formalización de la venta.

El contrato de *promesa de compraventa*, es parte fundamental para la formalización del trato. Este contrato tiene como principal cláusula, una penalización en caso de desistir del trato por cualquiera de las partes, vendedor o comprador.

Algunas inmobiliarias pueden sugerir dejar un enganche como forma de trato también. Esto se incluye en el contrato de promesa de compraventa.

Este instrumento, te sugiero que lo pidas a tu abogado de confianza. Ya que varían las leyes por estado.

También el contrato puede cambiar de acuerdo al convenio que lleguen a tener las partes. Me refiero a que no todas las operaciones son iguales. Y puedes agregar o quitar cláusulas conforme al pacto.

Si un prospecto comprador quiere comprar la propiedad, pero no te quiere firmar este contrato, te recomiendo que sigas mostrando la propiedad. Alguien que está seguro que va a comprar una propiedad, lee el contrato y lo firma. Te lo digo por experiencia.

Dependiendo de qué tipo de crédito es el que se va a utilizar para compra del inmueble, así mismo, será lo que tienes que hacer. La mayoría de los créditos te van a requerir lo siguiente en México:

1. Identificación oficial con fotografía (INE, pasaporte o cedula profesional)
2. Acta de matrimonio (en su caso)
3. Acta de Nacimiento (ambos cónyuges)
4. CURP (en México)

5. Constancia de RFC (en México)
6. Pago de predial del año en curso
7. Últimos tres meses de estados de cuenta (Bancos)
8. Últimos tres meses de recibos de nómina (Bancos)
9. Firma de solicitudes de crédito
10. Firma de solicitud de información crediticia o buró de crédito

La venta de la propiedad es la última etapa, mas no es lo último que hacemos con nuestros clientes. Quiero decir que la venta del inmueble es cuando todo el trabajo realizado da sus frutos. Nuestro cliente firma la compraventa de su propiedad ante un notario. Recibe o recibirá la cantidad de la venta en su total satisfacción. Gracias al trabajo que hicimos como intermediarios.

Te verás con tu cliente, en tu oficina o en algún otro lugar para tu pago de comisión. Algunos asesores me han preguntado: *¿Cómo haces para asegurar tu pago?* He vendido más de setecientas propiedades y siempre me han pagado la comisión, no ha habido ninguna ocasión en que no me paguen. Tal vez estoy mal en lo que te voy a decir pero, la verdad es que, rara vez les hago firmar un pagaré para el pago de la comisión cuando el pago no se hace en el momento de la firma de la escritura de compraventa.

Algunas instituciones crediticias primero dan el visto bueno al proyecto y después detonan el pago tres o cinco días después de la firma.

La intermediación inmobiliaria es un oficio muy noble en el cual puedes tener grandes ingresos.

Tenemos que tomar en cuenta la línea tan delgada que existe entre abusar y ayudar a nuestros clientes. No nos dejemos llevar por la avaricia. Que los valores que tenemos sean nuestra bandera para ser parte de una generación de asesores inmobiliarios decentes e íntegros. Lo mejor que puede pasarte es que un cliente te hable y te diga que fuiste recomendado por alguien al que tú le vendiste una propiedad. Eso, es lo que, en lo personal, me motiva a seguir en este negocio, NO EL DINERO.

# Capítulo 4 | Remodela y Vende Sin Comprar

Apalancamiento de capital con créditos hipotecarios existentes, significa, aprovechar el crédito hipotecario que tiene tu cliente para no desembolsar toda la compra de la casa. En este negocio se ayuda a mucha gente que no puede vender su propiedad porque está vandalizada o en muy mal estado. En ocasiones la casa aún sigue hipotecada por una deuda actual.

Se realiza un contrato de asociación en participación para que, el dueño, como forma de inversión, ponga la casa y la otra parte, ponga el capital para la remodelación y venta de la misma.

En otras palabras: Yo tengo el capital para remodelar tu casa y tú tienes la casa que vamos a remodelar para venderla.

Se utiliza el crédito existente de las personas dueñas de las casas, y así, no se invierte una fuerte cantidad de dinero.

Esta técnica inmobiliaria es mi favorita. Imagina que puedes tener una ganancia superior como si construyeras una casa desde cero y la vendieras. Tendrías la utilidad en menos tiempo.

Una persona que vio uno de nuestros anuncios publicitarios en Facebook nos contactó, tenía una casa en una zona popular de la ciudad. Nos comentó que la casa estaba en malas condiciones. Había comprado esa casa con un crédito hipotecario hace ya algunos años. Necesitaba deshacerse de esa casa para ya no tener la deuda, esa casa no la iba a habitar. Quería que le ayudáramos de alguna manera.

Esta fue la primera vez que aplicamos esta técnica, yo tenía mucho miedo de perder mi inversión, para serte totalmente honesto.

Agendamos una cita con el dueño para ver la casa. Cuando llegamos nos sorprendimos porque la casa no tenía puertas, ventanas, tubería de agua, cableado eléctrico, solo tenía paredes y losa. Cualquier persona que pasara por allí diría que ya no se podía hacer nada con esa casa. Por mi mente pasaba también algo similar cuando la vi por primera vez.

Después de ver la casa, llegué a mi oficina. Empecé a revisar los números para ver si era conveniente hacer un negocio con esta casa. Mis números quedaron más o menos así:

|  | Cantidad en Dólares |
|---|---|
| Adeudo en Dólares | $8,000.00 |
| Remodelación | $3,000.00 |
| Otros gastos | $500.00 |
| Total | $11,500.00 |

| Venta en Dólares |
|---|
| $20,000.00 |

| Utilidad |
|---|
| $8,500.00 |

Figura 3

El **adeudo** es lo que se le debe en el mes en curso a la institución crediticia, la cual le prestó para la compra de la casa. La **re-**

**modelación** es la inversión que vamos a hacer nosotros, y **otros gastos** son adeudos de agua, luz y predial.

Al final tendríamos una utilidad de USD 8,500 invirtiendo solamente USD 3,500. Me preguntarás por qué solamente invertimos esa cantidad. Es simple, el adeudo no lo íbamos a pagar nosotros, eso lo paga el que compra, solamente la diferencia sería depositada al dueño. Es por eso que esta técnica es mi favorita.

Es sumamente importante hacer un estudio de mercado antes de hacer cualquier trato. Toma en cuenta la ubicación de la vivienda, te sugiero que te guíes por las casas del sector. Es muy difícil vender una casa que no está dentro del precio promedio de la zona.

Te explico, si en la zona hay casas de un promedio de USD 20,000 es poco probable que vendas una casa de USD 50,000 en esa misma zona. El promedio puede estar rondando los USD 30,000.

Una vez que hicimos el estudio de mercado, llamamos al dueño y le propusimos remodelarla y venderla para que pudiera quitarse esa deuda. Además, le ofrecimos una utilidad para él también, para motivarlo, pues sabíamos que ya había dado pagos por cierta cantidad de años. Y se nos hizo buena idea para ayudarlo con algo, al final de cuentas, él ya no quería nada con la casa.

Ya teniendo un acuerdo con el dueño, solicitamos toda la documentación necesaria para la elaboración del contrato. Nuestra abogada elaboró el contrato de asociación en participación. Lo firmamos un par de días después, para poder empezar con la remodelación.

Mi socio se dedica a la construcción, por eso dejé todo en manos de él. Si no hubiese contado con él, hubiera contratado a alguien para que hiciera el trabajo. Aun cuando mi socio era el que estaba remodelando, yo temía por la inversión. Yo pensaba: *¿Que tal si el dueño al verla remodelada, ya no la quisiera vender y nos tocaba entrar en un pleito legal?*

Aunque teníamos un contrato, el riesgo era latente. Sin embargo, también pensaba: *No hay ganancias altas sin riesgos altos.*

Llevó, aproximadamente, solo un par de semanas la remodelación. Los pagos de los servicios pendientes quedaron liquidados. Quedó como nueva. Al día siguiente de haber empezado con la campaña de venta, ya teníamos al prospecto comprador. No tardamos más que un día en encontrarlo, la verdad es que las casas de interés social son muy rápidas en venderse.

Comenzamos con el proceso de venta. Solicitamos la documentación al comprador para gestionar el crédito. Nosotros teníamos ya toda la documentación lista por parte del dueño.

El proceso de venta tardó cuatro semanas en estar listo para la firma de compraventa en la notaría pública. Después de firmar el dueño y el comprador, tardó unos días en que el pago estuviera hecho.

Podrás pensar: ¿Cómo protegen nuestro pago? Hacemos una cuenta mancomunada con nuestro cliente, antes de empezar con el proceso. Esta cuenta tiene la peculiaridad de que, para cobrar un cheque o hacer algún retiro, necesita tener la firma de ambas personas.

En estos momentos puedes pedir la banca electrónica, es más sencillo y más seguro, ya que tú traerías el "token" con el que se hacen las transacciones.

Todo resultó como lo planeamos. No hubo ningún inconveniente para el negocio que hicimos con esta propiedad. Obtuvimos una utilidad de casi tres veces lo que invertimos en menos de ocho semanas.

Me imagino que buscas también generar ingresos de esta manera, por eso te interesó este libro, y me da gusto que, cada vez más gente se introduzca en el negocio porque hay más personas con las que puedo hacer negocios.

Esta técnica de inversión en bienes raíces tiene la ventaja de tener un retorno de inversión rápido. Estoy seguro que existen muchas propiedades en tu ciudad, donde puedes hacer este negocio.

Ayudamos a personas a deshacerse de una propiedad que ya no pueden pagar. Y no tienen los recursos, ni el conocimiento para poder remodelarla.

También apoyamos a nuestra sociedad, para disminuir los focos de vandalismo y drogadicción.

Debo decirte también que, es una técnica de inversión riesgosa, ya que no te adjudicas la propiedad. Se realiza un contrato que puede ser incumplido por el asociado. Si eso sucede tendrías que abrir un juicio, mismo que puede llegar a ser muy tardado.

Si no hacemos un estudio de valor, podemos estar cometiendo un error. El precio en el que te venden una propiedad puede parecer muy bueno. Hay que poner mucha atención en qué precio la puedes vender tú, cuando la remodeles. Puede no ser un buen negocio, aunque el precio se vea muy tentador.

Por bueno que parezca el trato, hay que tener mucho cuidado del precio, en él se puede vender una casa en ese sector.

## Paso 1 | Captación de este tipo de inmuebles

Te recomiendo hacer una campaña publicitaria en Facebook. Invierte en un buen diseño para tus volantes digitales. Se ve mucho más formal que hacerlo uno mismo (si es que no sabemos) en alguna aplicación que no es de diseño. Las ganancias que se obtienen en este tipo de negocios son muy buenas. No tengas miedo de invertir en tu publicidad.

En capítulos pasados te mencionaba que una de las mejores formas de publicidad en estos tiempos, son las redes sociales. Toma ventaja de estas herramientas para generar clientes potenciales. Invierte en la difusión de tus anuncios para poder llegar a más personas.

Tus clientes potenciales serán personas que adquirieron una casa a través de un crédito hipotecario. Y que ahora ya no pueden pagarla, o que su casa está vandalizada y no saben cómo venderla.

Estas personas no saben lo que tú sabes ahora, ya tienes el conocimiento, puedes remodelar para posteriormente venderla.

## Paso 2 | Apalancamiento de Capital

Es cierto que existen diferentes maneras de conseguir el dinero para remodelar una casa, tarjetas de crédito, préstamos personales, inversionistas, etc. Si no conoces el negocio, toma en cuenta que el riesgo es alto, no te estoy diciendo que no lo hagas, pero si te advierto que puede ser peligroso, el apalancarse de alguna de estas maneras.

Si estás empezando en este tipo de inversión, recomiendo que utilices tus propios recursos o invites a algún inversionista que quiera compartir el riesgo.

No recomiendo utilizar algún otro método cuando estamos comenzando a conocer el negocio. Porque puedes llegar a quedarte sin nada y con deudas.

## Paso 3 | Revisar la situación jurídica del inmueble

Este tema es de suma importancia. Si no pones atención en esto, puede que estés perdiéndolo todo desde un principio.

En este paso, revisamos la parte legal del inmueble antes de hacer cualquier contrato.

Te menciono algunos de los puntos más importantes que tienes que considerar:

## 1. Gravamen

Se deriva del latín gravāmen, y significa "carga". En palabras más coloquiales, es algo que bloquea la propiedad.

Imagina que quieres comprar una casa con un crédito hipotecario. Pero la casa está hipotecada por un banco (porque el que te está vendiendo compró esa casa también con un crédito hipotecario), lo cual quiere decir que tiene un gravamen que recae sobre esa propiedad. El crédito que tú tienes, también es de banco. Cuando compres tu casa, también tendrá un gravamen, el cual es la HIPOTECA.

Muchos bancos pagan a más de un acreedor. Quiere decir que le pagarán la hipoteca a la persona que te está vendiendo y la diferencia en el precio se la depositaran en su cuenta personal.

| | Cantidad en Dólares |
|---|---|
| Saldo de Hipoteca | $10,000.00 |
| Valor de Venta | $20,000.00 |
| Diferencia a favor del vendedor | $10,000.00 |

Figura 4

Si existe alguna hipoteca en el banco o alguna otra institución crediticia, tienes que revisar el adeudo. Tal vez quieres remodelar una casa en la cual la hipoteca supera el valor comercial. Eso sería lo peor que se pudiera hacer.

En México existe el Registro Público de la Propiedad, el cual es una dependencia gubernamental donde todos los datos de las propiedades, como su nombre lo dice, son públicos. Aquí es donde tienes que ir a revisar el estatus jurídico de la casa que quieres remodelar.

## 2. Estado civil

Es de suma importancia conocer si la casa se adquirió estando soltero/a o casado/a. En caso de haberla adquirido casado/a, su cónyuge tendría que firmar la venta de la propiedad. En algunas ocasiones quieren vender sin la firma del cónyuge, eso es porque están separados, divorciados o con algún problema familiar. Es por eso que tienes que revisar muy bien esto. También, en algunas ocasiones, en las escrituras aparecen como solteros, pero en realidad estaba casado/a. Esto puede ocasionar problemas legales en un futuro, en caso de que el cónyuge meta una demanda por la propiedad. Esto podría tumbar la venta.

## 3. Cuenta mancomunada

Protege tu inversión y tu utilidad. Esta es solamente una forma de protegerla. Una cuenta mancomunada se puede abrir en cualquier banco. En esta cuenta el vendedor es el titular y tú estarías como cotitular. Ninguno de los dos podría hacer uso del dinero que esté en esta cuenta sin la autorización del otro. Considero que es un método más eficiente que un pagaré para proteger tu dinero. Aunque no está de más también, protegerte con un pagaré. Ya que existe una remota posibilidad de que se caiga la venta por alguna u otra razón.

# CAPÍTULO 5 | CONSTRUYE Y VENDE

La construcción de viviendas tiene sus ventajas y sus desventajas. Desde la compra del terreno hasta la venta final, pasando por todo lo que implica la construcción de la casa. Parece una tarea fácil, hasta que entras en esta técnica de inversión en bienes raíces.

Se trata de comprar un lote de terreno, varios lotes o urbanizar un terreno de grandes dimensiones para posteriormente construir casas. Ya una vez teniendo el terreno, empieza la construcción de la vivienda.

Una vez terminada la obra en su totalidad y con los documentos al pie de la letra. Está lista para la promoción y venta. Puede generar grandes utilidades, pero también, no es cualquier inversión. Estamos hablando de miles de dólares.

Al principio de este libro te comentaba que no es fácil juntar capital para este tipo de negocios. Mas cuando no tienes experiencia alguna. Es muy complicado que alguien confíe en nosotros si no tenemos la experiencia necesaria. Pero cabe la posibilidad, si no tenemos el capital para la construcción, invitar a alguien que corra el riesgo junto con nosotros.

Cuando empezamos mi esposa y yo con la construcción de viviendas, no sabíamos absolutamente nada de este negocio. Pero sabíamos que se necesitaba dinero, mucho dinero.

Para nosotros que trabajábamos en una empresa, con un sueldo como el nuestro, era bastante dinero. Vendimos la casa donde vivíamos para juntar capital y así empezar. Nos fuimos a rentar una casa. Teníamos algo de dinero ahorrado, fruto del trabajo de los dos. Así empezamos.

Quisimos probar suerte con casas de interés social. Empezamos con la búsqueda de un terreno para nuestras primeras casas. Vimos algunos terrenos, unos lotes pequeños, otros más grandes. Buscábamos algo de acuerdo a nuestro presupuesto, pero también que pudiéramos vender rápido.

Encontramos un terreno en una colonia popular en nuestra ciudad a un buen precio. Era un terreno irregular, era un triángulo de aproximadamente 350 metros cuadrados. Considerando que las casas en ese sector eran de 105 metros cuadrados, decidimos comprarlo.

Después de comprar el terreno tuve que investigar como subdividirlo. Para poder hacer tres casas en ese terreno. Empezó la odisea.

En el departamento de Desarrollo Urbano de la ciudad teníamos que presentar un proyecto para la subdivisión. Eso no lo habíamos contemplado. Estábamos empezando. Yo sabía que nos toparíamos con asuntos de los cuales no estábamos enterados, pero no consideré el tiempo que tardaría cada proceso.

Con la ayuda de un arquitecto, empezamos a elaborar el proyecto de subdivisión. Lo rechazaron en muchas ocasiones por detalles en los planos, documentación y demás cosas. Esto, para mí, fue muy estresante porque nunca consideré que se tardaría tanto el proceso.

Fueron poco más de diez semanas para que el proyecto estuviera aprobado por este departamento.

Ahora que tenemos más experiencia, sé que necesitamos tener listo el proyecto a la primera, para que tarde menos tiempo en ser aprobado. Tampoco sabíamos qué tipo de arquitecto se tenía que contratar para esta tarea. Tenía que ser un arquitecto que tuviera experiencia en el desarrollo de planos.

Una vez que tuvimos lista la subdivisión con los tres lotes individuales, me dispuse a buscar quién me construyera las casas. Consulté con amigos y familiares algunas recomendaciones. Al final me fui con el más barato. Entre más utilidad me quedara, mejor para mí. Eso fue lo que pensé. Contraté a una persona que me dijo que era ingeniero civil y que él podía realizar el trabajo.

Nosotros quisimos protegernos con un contrato de obra a precio alzado, el cual se utiliza para comprometer a ejecutar una obra en beneficio de otra. Fui con un buen abogado el cual me cobró un porcentaje del precio de la obra por hacerme este contrato. Eran gastos que no teníamos contemplados en el presupuesto. Pero conforme se fueron dando las cosas, iban saliendo.

Empezamos con un anticipo para comenzar la construcción de dos casas. Un par de semanas después, ya me estaban pidiendo más dinero, y yo no sentía como que avanzaran mucho. Al final de cuentas, pensábamos: *Nosotros no sabemos de esto, así debe ser entonces.*

Las dos casas no llevaban ni la mitad construidas cuando ya les habíamos dado casi el 80% del precio pactado.

Hablé con la persona encargada de la obra. Le dije que ya le había dado una fuerte cantidad del precio pactado y no veía el avance de la obra.

—¡Me gasté el dinero en otras cosas! —fue su respuesta.

¿Te ha pasado esto con algún servicio que contrataste? Decidimos rescindir el contrato obviamente, pero las cosas ya no estaban saliendo como las habíamos planeado. ¿Que debíamos hacer entonces?, yo no podía estar pegado a la obra, trabajaba todavía en una empresa.

Conocí en ese entonces al que ahora es mi socio, Isaí. Él me apoyó con una remodelación que hice, aplicando la técnica de *Remodela y vende sin comprar*. Le platiqué de esos proyectos que se quedaron inconclusos, de una tercera casa que ni siquiera puede empezar y que las cosas no habían salido como lo habíamos proyectado con mi esposa.

En ese momento, yo estaba esperando algunos pagos para poder continuar con las obras. Isaí vio el trabajo que me habían hecho en las dos casas. Habló conmigo, me comentó que el trabajo no estaba bien hecho. Tuberías mal puestas, fugas de agua, fugas de gas, losas mal acabadas, en fin, un montón de cosas que pude ver yo mismo una vez que me las señaló. Pero como yo no tenía experiencia, no sabía cómo revisar estos detalles. Más que detalles eran errores. Ahora tenía que gastar más por el trabajo mal hecho.

Me sentí frustrado en ese momento. Pero recordaba la frase del Dr. John C. Maxwell: *A veces se gana a veces se aprende.* Y es por esa frase que continúo en este negocio. Cada que tropiezo con algo, repito esas mismas palabras. Esto me ha ayudado a seguir adelante, sus libros han sido inspiración para mí.

Con el poco dinero que tenía, Isaí terminó las dos casas que había empezado la persona anterior. Empecé a conocer un poco más de construcción. Él me orientó también en materiales. Me di cuenta que tenía mucho camino por recorrer.

Isaí me preguntó cuándo empezaría la tercera casa. Le dije que por el momento no la construiría porque no tenía dinero. Me sorprendió mucho que él dijera:

—¡No te preocupes! yo empiezo la obra y cuando tengas dinero me vas pagando.

—¿Es en serio? —le dije.

Empezó a construir la tercera casa con su propio dinero. No firmamos ningún contrato.

—¡Firmamos algo para que te sientas seguro! —le decía yo.

—¡Yo sé quién me paga!, no tengo desconfianza —me respondía.

¿Tú hubieras hecho algo así? Le pagué cada centavo que me prestó. Decidimos hacer una empresa entre los dos. Donde él construiría, y yo vendería las casas. La confianza era mutua, y seguimos en sociedad aún.

Ya terminadas las tres casas, era la hora de empezar a venderlas. Empecé a promocionarlas yo mismo. Como eran casas de interés social, no era tan complicado venderlas (según yo).

Aquí en México, existe un instituto llamado INFONAVIT (Instituto del Fondo Nacional de la Vivienda para los Trabajadores), donde todo trabajador que cumpla con cierta cantidad de semanas cotizadas, tiene derecho a un crédito para una vivienda. Para que tengas una idea, de cien personas que buscan una casa de interés social, noventa y nueve, traen un crédito de este instituto. La otra persona trae un crédito bancario o efectivo.

Entonces lo más seguro era que yo vendería la casa por este tipo de crédito. Al siguiente día de la promoción, ya tenía agendadas veinte citas para ver las casas. Estábamos seguros de que los compradores saldrían rápido, y así fue. Tres personas se animaron con cada una de las casas. Te comento que antes de agendar una cita, revisamos que en efecto tuviera el crédito disponible y suficiente para la compra de la casa. Quiero decir que las veinte personas eran clientes potenciales.

Les pedimos la documentación necesaria para iniciar el trámite. También tenían que pagar un avalúo comercial, mismo que en cualquier institución crediticia lo van a solicitar. Y este avalúo es responsabilidad del comprador.

Teníamos la documentación, avalúos listos, contratos de promesa de compraventa listos. Todo estaba saliendo a la perfección. Hasta que quisimos ingresar los créditos de los compradores. Fueron rechazados. Porque las casas *no estaban en paquete*. Te explico lo que significa.

Yo no sabía que antes de comenzar a construir, necesitábamos darnos de alta en una plataforma y subir planos, escrituras, subdivisiones, factibilidad de agua, planos eléctricos de la colonia y un montón de cosas más. Para que INFONAVIT se cerciore de que las casas están ubicadas en un sector donde existen todos los servicios como: pavimentación, agua, drenaje y luz. Básicamente, quiere asegurarse de que sea una zona urbana. También el instituto, una vez que empiezas las obras, envía verificadores de obra, para revisar cimentación, materiales, construcción de acuerdo al plano, etc.

Anótame otro tropiezo. Me fue mucho muy frustrante saber que las casas no se podían vender por este tipo de crédito, ¿que seguía? ¿rematarlas? Si ya con lo que las iba a vender no íbamos a ganar nada, solamente se recuperaría lo que habíamos invertido y tal vez menos. A los compradores tuve que regresarles el dinero que habían pagado por los avalúos. El tiempo que perdí sin dejarlas de promocionar.

Estudié los diferentes productos que ofrece el instituto. Encontré uno que se llama INFONAVIT TOTAL. Con este tipo de crédito, si se podían comprar las casas. Solo que este producto era para personas con un salario mayor, lo que quiere decir es que si una persona tiene un crédito de USD 50,000, es porque gana cierta cantidad de dinero al mes en su trabajo. Sería ilógico que a alguien le prestaran más de lo que puede pagar al mes, según sus nóminas.

Tenía que buscar personas que alcanzaran un crédito de este tipo para poder venderles las casas. Fue un poco tardado, pero al final pudimos venderlas. Perdimos dinero con estas tres casas. El proceso duró un poco más de un año. Mi esposa me decía que no era un buen negocio la construcción de casas. No es que no fuera bueno, no teníamos los conocimientos necesarios acerca del mismo.

Seguimos construyendo viviendas. A pesar de todo lo que nos pasó, aprendimos. No te digo que ya sabemos todo, pero, por lo menos, sabemos cuál camino NO debemos seguir. Seguimos tropezando, pero nos levantamos y aprendemos lecciones. No nos dejamos caer por una pérdida. La pérdida es parte del proceso para llegar al éxito. Muchas personas no están dispuestas a perder. Tienen miedo. Nosotros también lo teníamos y aquí seguimos, ganando experiencia cada vez más. La experiencia se transforma en dinero, cuando la implementamos en el proceso.

Otra de las historias que te quiero contar, es de la construcción de casas residenciales en lotes individuales. No es lo mismo que encuentres un lote individual a que construyas un fraccionamiento. ¿Me explico? Con un lote individual, me refiero a un pedazo de terreno en una colonia o fraccionamiento ya existente.

El terreno dentro de una colonia o fraccionamiento ya existente te va a costar más caro que si tú mismo realizaras la lotificación y urbanización de un terreno de gran tamaño. Este tipo de terrenos ya urbanizados es para muchos una manera de empezar a construir. Personas como yo, -me incluyo-, que estamos capitalizándonos para comprar un terreno de gran tamaño y nosotros mismos urbanizar y lotificar.

Hemos cometido errores con este tipo de terrenos que te quiero contar para que tú no los cometas. Errores que cuestan caro. Donde tu inversión se ve afectada. Y quisieras haber prevenido lo inevitable. Uno de ellos es que no se vendan las casas en el precio que necesitamos que se vendan.

Mi socio y yo vimos un terreno en un fraccionamiento exclusivo de la ciudad, al norte. Nos gustó la ubicación y queríamos brincar al siguiente nivel para construir casas de alrededor de USD $180,000 Había aproximadamente setenta lotes, de los cuales, veinte ya no estaban disponibles. A nosotros nos gustó uno frente a una cancha de fútbol rápido, ¡estaba disponible!

Utilizamos al banco como forma de apalancamiento. Aplicamos para un crédito hipotecario para el terreno. El banco tardó un par de semanas en autorizarnos el préstamo. Nos prestarían el 90% del valor del terreno y nosotros tendríamos que pagar el otro 10% más los gastos de escrituración. Estaba dentro de nuestro presupuesto.

Compramos el terreno y empezó la construcción. No hicimos un estudio de mercado. Había aún muchos lotes disponibles, se estaban vendiendo lento. Otras constructoras también estaban invirtiendo allí. Nosotros pensábamos: *Tenemos que sacarle provecho al terreno y construir una casa con los mejores acabados. ¡Se venderá pronto!*

La construcción de esta casa residencial tardó medio año. Excelentes acabados, baños de primera, porcelanato en toda la casa, yeso a nivel, cimentación corrida. Habíamos construido una casa como si fuéramos a vivir allí. Ha pasado ya año y la casa sigue en venta, junto con las demás casas de las otras constructoras.

Será muy difícil que alguien nos pague los acabados que le metimos a la casa. El estudio de mercado nos hubiera dicho que nuestra casa sería la más cara de las que están allí mismo. También me diría que hay casas más grandes, de menor precio en fraccionamientos cercanos, con materiales de menor calidad. Al final entendimos que estábamos metiendo lujo donde no deberíamos hacerlo.

Necesitábamos hacer una casa dentro del promedio de precio de las demás o incluso más barata, para que se vendiera rápido. Menos ganancia, pero el flujo del dinero sería más rápido. ¡Claro! también es un factor muy importante que estamos pasando por una pandemia este año.

Esto mismo nos pasó con otras dos casas residenciales en otras zonas. Y después de construir ya algunas casas de este tipo, nos dimos cuenta de lo importante que es el estudio de mercado. ¡No construyas sin hacer este estudio!, ¡es sumamente importante!

Las utilidades que te deja la construcción de viviendas, pueden ser muy atractivas. Es un negocio noble, donde tu inversión es muy segura. Las propiedades ganan plusvalía con el tiempo. Es importante señalar que la mayoría de los millonarios del mundo, invierten en bienes raíces.

Si una propiedad no se vende a corto o mediano plazo, tienes la posibilidad de rentar esta propiedad hasta que tome un valor que te convenga. Incluso, conozco personas que construyen una casa, viven allí un tiempo y después la venden. Esto lo hacen cada año o cada dos años.

La experiencia que ganas en la gestión inmobiliaria de la construcción de casas nuevas, es un conocimiento muy demandado. Hay personas que solamente se dedican a construir, pero no saben o nos les gusta la tramitología. Aquí es cuando ofrecemos los servicios de consultoría inmobiliaria, para esos constructores.

La consultoría inmobiliaria es parte de la diversificación que debemos tener. Si estás pensando en dedicarte a la construcción de viviendas y echar toda la carne al asador, me refiero a todo tu capital, ¡Ten cuidado! Es mejor diversificar para tener ingresos en los bienes raíces de otras maneras.

En lo personal, me ha ayudado mucho dedicarme a la intermediación, remodelar y vender sin comprar, construcción y consultoría inmobiliaria. La venta de vivienda nueva se frenó un poco, pero la intermediación sigue y este año fue mejor que el pasado.

Es por eso que te recomiendo ampliamente, no solo dedicarte a la construcción, si vas a poner todo tu capital en ello.

La inversión que hay que hacer para construir es alta. Tienes que tener un capital considerable para este tipo de proyectos. Te comentaba en los párrafos anteriores que no es la misma utilidad si construyen una casa que si construyes cincuenta. Te deja un mejor margen de utilidad construir a gran escala. Pero avanzamos poco a poco.

Al principio es muy probable que pierdas dinero. Si en realidad te gusta este negocio, no dejes que eso te detenga a seguir adelante. Creo que la gran mayoría hemos perdido dinero en este trabajo y seguimos perdiéndolo. Los errores son costosos, pero es la mejor escuela que podemos tener.

Me ha funcionado estar en diferentes áreas de bienes raíces. No solo en la construcción. La diversificación me ha ayudado a la estabilidad económica. En esta pandemia que estamos atravesando he conocido personas que están en aprietos por dedicarse solamente a construir. Las casas residenciales en esta época se mueven lento, la gente no está segura de comprar una casa porque sienten que su empleo es inestable.

Constructores a pequeña escala, han tenido que rematar sus propiedades para poder tener dinero para el día a día. Era su única fuente de ingresos. Las constructoras grandes también han sufrido en este tiempo, pero obviamente los más afectados son los empleados, no tanto el dueño. Creo que el dueño puede vivir tranquilo por muchos años.

Los impuestos son altos en la construcción. En México es de las actividades que más impuestos pagan. Es muy recomendable contratar un buen contador para que te asesore en este rubro.

Recuerdo nuestra primera utilidad en una venta y no sabíamos de impuestos. Al momento de contratar a un contador nos dijo que casi una tercera parte de la utilidad era del fisco. Solo imagina contar con cierta cantidad y después saber que no toda la utilidad es de la empresa.

A continuación, te enumero los pasos que debes seguir para evitar lo anterior.

## Paso número 1 | Presupuesto

El terreno que vas a comprar, ya sea un lote individual o un terreno en breña. Toma en cuenta los gastos de la urbanización en caso de ser en breña. Normalmente los terrenos en breña son más baratos por metro cuadrado, por lo mismo que aún no están urbanizados para construir viviendas. Un lote individual existente lo puedes encontrar a precio normal.

Antes de comprar el terreno, sondea la zona. Ve qué tipo de casa o casas puedes construir allí, de acuerdo a tu presupuesto. Es muy importante saber con cuánto capital cuentas al momento de querer construir una vivienda. Porque podrías pensar: *Empiezo con lo que tengo y conforme tenga más dinero voy continuando.* ¡Eso está bien!, solo toma en cuenta algunos puntos importantes:

**1.1 Sector.** Si la ubicación de la propiedad es algo problemática, puede ser vandalizada. Obras inconclusas por cierto periodo de tiempo, pueden ser focos de drogadicción. Puedes tener problemas de personas que quieran posesionarse de tu vivienda. Puedes minimizar el riesgo contratando a una persona que te cuide la obra, pero esto hace más alto el costo de la construcción.

**2.1 El dinero no se mueve.** Lo que muchos buscamos cuando construimos para vender, es que nuestro dinero esté en constante movimiento. Poner el dinero a trabajar por nosotros. Si vas a meter el dinero que tienes para construir, pero no vas a terminar la obra, toma en cuenta que tu dinero quedará estancado hasta que termines y vendas.

Dentro de tu presupuesto debes incluir los gastos de la construcción. Cotiza con diferentes prestadores de servicios ya sea un arquitecto o un contratista, selecciona el que mejor te convenga (No siempre el más barato es la mejor opción).

Un consejo importante es que compres el material con recursos propios. En México pagamos impuestos al facturar el material. Si tú le dejas eso al prestador de servicios, él o ella te tendrán que facturar también el material, estarás pagando doble impuesto. Las constructoras grandes tienen como segundo negocio una ferretería, donde ellos mismos se compran.

Estas son algunas cosas que tienes que tomar en cuenta al momento de hacer tu presupuesto:

• Material

• Prestador de servicios

• Permisos de construcción y/o gestión inmobiliaria

• Impuestos por la venta de la casa

## Paso número 2 | Estudio de mercado

Te comentaba que nosotros tuvimos este problema, no hicimos un estudio de mercado. Por eso decidí escribir este libro, para que tú no tuvieras que pasar por esto. El estudio de mercado es de suma importancia, ya que de esto depende el tiempo que tarde tu o tus casas en venderse.

Construye de acuerdo al sector. Si en la zona donde vas a construir hay casas de alrededor de USD $250,000, construye una casa de entre USD $250,000 +/- 10% para que puedas venderla rápido, y quedes con un buen margen de utilidad. A veces queremos aprovechar el terreno haciendo la construcción más grande y poder venderla más cara y así tener una utilidad más amplia. Probablemente tardes en venderla y tu dinero estará parado por algún tiempo.

También sería algo descabellado si construyes una casa a un precio de venta de USD $300,000 en una zona donde hay casas de USD $600,000, se te vendería muy rápido pero no le estarías sacando provecho al terreno, ni a tu inversión.

Nosotros tomamos en cuenta algunos puntos, mismos que pueden ser tus factores para decidir qué tipo de construcción nos conviene hacer:

- Precios de casas nuevas y usadas en un radio de un kilómetro
- Fraccionamientos cerrados o colonias abiertas
- Metros de terreno y de construcción
- Acabados de la casa
- Siguen en venta o ya se vendieron

Ahora si vas a construir un fraccionamiento, es diferente.

Las casas de alrededor serán similares, aquí no hay tanto problema. Tú eres el que decide qué tipo de viviendas vas a vender.

Algunos constructores, después de urbanizar un terreno en breña, se capitalizan vendiendo lotes individuales para después construir. Pero mantienen un reglamento de construcción para los compradores de lotes individuales. Este reglamento de construcción sirve para que las casas que se construyan estén dentro del rango de precio y tipo de construcción de lo que el constructor hará.

## Paso número 3 | Gestión inmobiliaria preventa

Una vez que hiciste tu presupuesto y tomaste una decisión de acuerdo a tu estudio de mercado. Hay que gestionar los permisos necesarios para la construcción.

Hay ocasiones en las que tenemos que hacer un estudio de permisos, por ejemplo: si se puede construir cierto tipo de viviendas en tal sector o mínimo de metros requeridos de frente, etc. Toma en cuenta esto también.

En el caso de México, existe el INFONAVIT y si quieres que la casa o las casas que vas a construir se vendan a través de un crédito de este tipo, necesitarás contratar a un arquitecto para que haga el proceso de empaquetar las casas. Este proceso es para que el instituto pueda verificar que las casas entran dentro de sus lineamientos desde la cimentación hasta los últimos acabados. Es un proceso que puede tardar algunos meses, pero vale la pena para poder venderlas por medio de un crédito tradicional.

Te recomiendo que sigas la página de INFONAVIT para que estudies los diferentes tipos de crédito y cuáles son los que aplican para casas nuevas empaquetadas y no empaquetadas.

Aquí te daré un resumen de los tipos de créditos más comunes y cuales aplican para casas nuevas y usadas.

## Créditos hipotecarios bancarios

Este tipo de créditos los otorgan la mayoría de los bancos. Puedes comprar casa existente (usada) o casa nueva. Para la casa nueva no es necesario hacer ningún trámite previo a la construcción de la vivienda. Los créditos son hasta de un 90% del valor de la vivienda.

También puedes comprar terreno con este tipo de crédito. Para este caso, hay solamente uno que otro banco, que te presta hasta un 80% del valor del terreno. La mayoría otorga créditos por el 60% del valor del terreno.

## Créditos INFONAVIT

Este es uno de los institutos que más créditos otorga a nivel nacional. El primer crédito es un derecho que tenemos todos los mexicanos, los cuales tenemos una relación laboral vigente. Este año 2021 se están modificando las reformas para ampliar los beneficios que tenemos los mexicanos, te recomiendo estés al pendiente de la página de INFONAVIT.

Existen diferentes tipos de crédito dentro del abanico de opciones. Para comprar una casa nueva, el constructor de la vivienda que deseas comprar tuvo que hacer previamente un paquete de vivienda nueva, donde INFONAVIT revisa que las condiciones de la vivienda sean optimas, desde la cimentación. Si el constructor no hizo el proceso de empaquetamiento, solo aplican los créditos de INFONAVIT TOTAL que son para ciertos salarios (te recomiendo que revises la página de INFONAVIT para saber más de esto), segundo crédito INFONAVIT que aplica para cualquier nivel salarial y por último COFINAVIT que es un crédito que otorga un banco en conjunto con el INSTITUTO.

## Créditos FOVISSSTE

Estos créditos son muy similares a los créditos de INFONAVIT. Son para compra de vivienda para trabajadores del Estado. Normalmente son educadores los que tienen esta prestación.

Se puede comprar vivienda nueva o existente a través de estos créditos. Si vas a comprar casa nueva o vender una casa nueva a través de este tipo de crédito, también debe de haber sido empaquetada previamente.

Si no la empaquetaste, solo se puede comprar con un crédito donde se involucre el banco y FOVISSSTE.

# Capítulo 6 | Aprende a Perder

Perder, lo traduzco en APRENDER. No existe un mejor maestro que el fracaso. Fracasar es parte del proceso del éxito. Depende de cada uno de nosotros el tomar un fracaso como una lección o como una salida rápida de nuestro objetivo.

Muchas personas no están dispuestas a perder, ni arriesgar al aventarse al ruedo. La pasión por una actividad o algún negocio es lo que te mueve a seguir adelante sin importar lo que pueda pasar en el trayecto. Tomarás buenas y malas decisiones en el camino, pero créeme que esto nos ayuda a crecer y a ser mejores en lo que hacemos.

Nosotros perdimos cerca de USD 25,000.00 por no estar bien protegidos.

Debido a nuestra inexperiencia. Fue algo que nos marcó, tanto a mí como a mi socio. Es fecha que aún recordamos esa pérdida.

Ya habíamos remodelado algunas casas con anterioridad sin ningún problema, la falta de conocimiento hizo que perdiéramos.

Todo comenzó cuando mi socio recibió una llamada de una persona que quería vender su casa. Él le comentaba que su casa estaba en malas condiciones y quería ver cuánto le podíamos ofrecer por la propiedad. Yo estaba en Dallas, Texas cuando mi socio recibió esa llamada. Me marcó de inmediato y me contó que una persona le había marcado para ver si le podíamos hacer una oferta por su propiedad. Revisamos nuestras finanzas y le dije: *Bueno, ve a verla a ver qué te parece y me cuentas.*

Isaí, mi socio, hizo una cita en la casa de esta persona. Llegó un día por la mañana a verla. La casa estaba ubicada en una zona popular de la ciudad. Estaba en buenas condiciones. Le faltaba pintura y algunas cosas de plomería no muy costosas. Aparentaba ser un buen negocio. Isaí le preguntó al propietario cuánto era lo que quería por la casa. Él le respondió que quería USD 10,000. Era un muy buen precio, pero aun así negociaron de que bajara a USD 9,000. Con esta casa aplicaríamos la técnica de *remodelar y vender sin comprar.*

Isaí y yo platicamos en la oficina sobre la posibilidad de invitar a un inversionista a participar con nosotros en este negocio. Había una persona. Era un amigo de los dos que quería invertir en el negocio. Hablamos con él y le ofrecimos un 20% de utilidad por USD 4,000.00 que teníamos que invertir en la remodelación. Su ganancia sería de USD 800.00 en aproximadamente tres meses. Nada mal para ser solo ese tiempo. Estábamos tan seguros del negocio que nuestro amigo invirtió con nosotros. Aunque sea un amigo cercano, siempre firmamos contratos, es parte de ser profesional en lo que hacemos.

El trato que propusimos fue darle todo el dinero una vez vendida la propiedad. Para lo que el cliente propuso que le diéramos de inicio USD $2,000 como pago inicial y ya después el resto. Este precio y este trato, debió haber prendido alarmas en nosotros. Fue algo muy extraño que la casa no estuviera en tan malas condiciones como para darla en ese precio. Sin embargo, no lo pensamos de esa manera. Lo vimos como una excelente oportunidad de negocio.

Citamos al cliente en nuestras oficinas un par de días después de ver la casa para que llevara toda la documentación necesaria y poder revisarla. Lo primero que revisamos es la escritura de compraventa. En el apartado de generales, viene un espacio para saber si compró estando soltero o casado. Si estaba casado tendríamos que pedirle también que la esposa estuviera de acuerdo. En este caso, estaba soltero cuando compró la casa. No hubo necesidad de solicitar a nadie más.

Esto es solamente lo primero. Posteriormente, nos cercioramos en el registro público de la propiedad que así fuera. Nuestra abogada elaboró el contrato de asociación en participación con todos los datos que previamente habíamos corroborado. De nuevo citamos al cliente para la firma de este contrato. Recuerda que este contrato es solo para asociarnos, no nos hace dueños de la propiedad. A la firma de este contrato le entregamos la cantidad de USD 2,000 como habíamos acordado.

De inmediato, al día siguiente, Isaí ya tenía a un equipo de trabajo en la casa. Empezaríamos la remodelación enseguida. Empezaron quitando el piso de toda la casa para que se viera más presentable. Habíamos hecho un buen trato, así que podíamos hacer una que otra mejora. Se empezó a sacar escombro, revisar plomería, etc. Queríamos que la casa estuviera en buenas condiciones para su venta.

Al segundo día de la remodelación llegó una persona reclamando la casa. Exigía que se salieran de su casa. Los trabajadores le marcaron a Isaí para que supiera lo que estaba pasando. Era una señora que decía que nuestro cliente había sido su esposo y que, esa casa, él se la había dado con un poder notariado.

Un poder se inscribe en el registro público de la propiedad, pero nosotros revisamos y no había nada en el registro. Los trabajadores le pidieron a la señora un número para poder marcarle y ver qué estaba sucediendo.

Contactamos a nuestra abogada y le platicamos lo sucedido. Ella le marcó y le pidió que llevara los documentos que tenía, donde acredita que en realidad era su propiedad. La citó al día siguiente en la casa, a la cual, nunca llegó. Le volvió a marcar y le dijo la abogada a la supuesta ex esposa de nuestro cliente, que no se volviera a parar en la casa o llamaríamos a una patrulla para resolverlo de otra manera. Ella colgó la llamada sin decir nada.

Asunto arreglado, seguimos trabajando normal. No sin antes citar a nuestro cliente y decirle lo sucedido. El cliente dijo que nunca se casó con ella, tuvieron hijos, pero nunca se casaron. Le preguntamos si él le había otorgado algún poder sobre la casa, para que ella hubiera reaccionado de esa manera. Dijo que él nunca había dado nada, que estaba seguro que nunca firmó nada. Le comentamos también que, si algo salía mal en esta situación, él saldría perjudicado, lo tendríamos que demandar por doble venta.

Seguimos con la remodelación por un par de semanas más. La casa estaba quedando muy bien, piso nuevo, baño nuevo, pintada, plomería nueva, etc. era otra casa completamente diferente a la que habíamos tomado. Sabíamos que se vendería rápido. Antes de terminar por completo la casa, el cliente nos pidió otro adelanto de USD 3,000 porque tenía algunos pagos que no podía cumplir. Tomando en cuenta la buena fe, accedimos a dárselos.

Terminamos de remodelarla por completo en un total de cuatro semanas, tomó más tiempo de lo esperado ya que se hicieron algunas mejoras no contempladas.

Empezó la promoción de la casa. Estábamos ya pensando en nuestra siguiente inversión para cuando esta casa ya estuviera vendida. Vimos algunos terrenos, le comentamos a los dueños que estábamos esperando un pago para poder comprar el terreno para nuestro siguiente proyecto. La campaña de publicidad empezó a dar frutos y tuve una cita un jueves a las 6:00 pm, una pareja joven quería ver la casa. Les gustaba la casa en las fotos publicadas y tenían el crédito suficiente para comprarla.

Llegué a la casa quince minutos antes de la hora pactada con los clientes. Mi sorpresa fue que el barandal de la casa tenía una cadena con un candado que no me dejaba entrar. Le hablé a Isaí. Le pregunté si él había puesto esa cadena y ese candado. Me dijo que no. Llegaron los clientes y les tuve que decir que no traía la llave del candado. No dije mentiras, pero tampoco dije la historia completa. No me sentí mal. Al día siguiente Isaí y yo llegamos con unas cizallas a romper el candado. Lo rompimos. Entramos a la casa.

La casa parecía no tener nada fuera de lo normal. Estaba en las mismas condiciones en que se había quedado. No había muebles adentro, lo cual nos dio un respiro, porque en ocasiones sucede que, alguien se quiere posesionar de la casa. Citamos al cliente y le comentamos lo que nos había sucedido. Él dijo que él por su parte también investigaría quien puso esa cadena y ese candado.

Les marqué de nuevo a la pareja que no le había mostrado la casa. Esta vez si les mostraría la casa por dentro. Tuvimos una segunda cita. Llegué quince minutos antes, una vez más. No había cadena ni candado esta vez. Ahora lo que pasaba es que la chapa de la puerta principal la habían cambiado. No podía una vez más entrar a la casa. Cancelé la cita con los clientes diez minutos antes, me sentía sumamente apenado, pero no tenía opción.

Hablé con Isaí, le dije que algo estaba pasando. Alguien se quería posesionar de la casa o el cliente estaba metido en problemas. Primero que nada, teníamos que cambiar la chapa de nuevo. Teníamos que volver a hablar con el cliente y ver qué estaba pasando.

Citamos al cliente una vez más en nuestras oficinas. Para esto, él ya había hablado con algunos vecinos que él conocía. Le comentaron que eran unas personas de un carro color rojo, no las conocían, solo sabían que era un hombre y una mujer. Sabíamos que en algo malo nos habíamos metido y ya era muy tarde para salirnos. Ya habíamos invertido. Nos quedaba pelear lo que NO ERA nuestro, solo intervenir por nuestro cliente, y obvio nosotros, en cualquier caso, lo demandaríamos.

Seguimos promocionando la casa después de haber cambiado la chapa de la puerta principal. Por fin llevé a un cliente y pudimos entrar sin problemas. Al cliente le había gustado la casa. La quería comprar. Empezamos pidiendo la documentación necesaria. También, por lo pronto, teníamos una persona que estaba dando rondines a la casa para que no sucediera nada.

Firmamos un contrato de compraventa para la formalidad del trato, el cual firmó el comprador y el vendedor solamente. Era un crédito con INFONAVIT, nosotros llevamos todo el proceso. Todo iba bien con el proceso, el crédito ya estaba listo, los documentos en la notaría también, ya no habían hecho ningún daño a la propiedad, todo marchaba bien.

Yo hablé a la notaría para saber cuándo sería la firma de la escritura. Me comentaron que solo esperaban el certificado de existencia o inexistencia de gravamen. Este certificado se tiene que tramitar antes de vender cualquier propiedad, en él dice qué gravamen o gravámenes tiene la propiedad. *¡Perfecto!, solo esperamos un par de días para firmar.* Pensé yo.

Dos días después, hablé de nuevo a la notaría para que me dieran una fecha para la firma de la escritura. Me contestó la licenciada que llevaba mi trámite. Me dijo que no se iba a poder firmar esta compraventa porque había un poder irrevocable que estaba listo para ser inscrito en el registro público de la propiedad.

De inmediato, hablamos con el vendedor que era nuestro cliente directo. Lo citamos en la oficina. Le dijimos que él había firmado un poder antes de acercarse con nosotros. Esa era una doble venta y por ese motivo nosotros lo demandaríamos. Pero él nos decía que no había firmado nada a nadie, que era imposible. El poder obvio, estaba firmado en una notaría pública, la cual da fe y legalidad del acto, entonces no podía ser que no hubiese firmado nada.

Teníamos invertido ya alrededor de USD 15,000. Fue por eso que nos dimos a la tarea de investigar la notaría y sacar una copia de ese poder. Hablamos con nuestra abogada y ella se hizo pasar por una clienta de la notaría y conoció al notario. Después nos enteramos que esa notaría se estaba moviendo de oficinas constantemente. Tenía muchas denuncias por fraudes.

El poder se le había otorgado a la sobrina de la ex concubina de nuestro cliente, donde la poderdante (la que otorga el poder) era la misma ex concubina. Quedando de esta manera:

Nuestro Cliente ➤ Ex concubina ➤ Sobrina de ex concubina

Figura 5

Ese supuesto poder, había pasado ya por varias personas. Pero hasta que vieron que algo pasaba con la casa decidieron inscribirlo en el registro público de la propiedad.

Recuerda que el registro público sirve para inscribir todo lo que tenga que ver con propiedades. Investigando más a fondo, la sobrina trabajaba en la misma notaría donde se hizo ese supuesto poder, por lo que se nos hizo muy extraño.

Ahora estábamos contra reloj, podíamos aún pelear la propiedad a nombre de nuestro cliente mientras no se inscribiera el poder en el registro público de la propiedad. Hicimos la demanda en contra de los poderdantes, argumentando que era fraude en contra de nuestro cliente. Por otra parte, decidimos hacer la compraventa nosotros con nuestro cliente para que en cuanto se re-solviera, se registrara nuestra compra de inmediato.

Citamos a nuestro cliente en una notaría para la firma de la compraventa. El certificado de existencia o inexistencia de gra-vamen salió limpio porque el poder aún no se inscribía (dar de alta en el sistema) imagínate que tienen cientos de escrituras que tienen que meter al sistema y ese poder estaba en la fila. Fir-mamos la escritura de compraventa y listo, la casa ya nos perte-necía hasta que se inscribiera la compraventa.

Fueron algunos meses en el "estira y afloja", esperando una luz. Un día, Isaí y yo pasamos por la casa y vimos que alguien estaba allí adentro. Habían forzado los candados y la chapa de nuevo. No sabíamos con qué nos toparíamos adentro, ni quienes eran. Decidimos bajarnos de la camioneta y ver qué estaba pasando.

Era una mujer y un hombre adentro, tanto ellos como nosotros estábamos a la defensiva. Era la sobrina de la ex concubina de nuestro cliente. Cada quien habló con sus abogados. El abogado de ellos llegó primero con una patrulla, que nada tenía que hacer allí. Trataban de amedrentarnos. Nos querían subir a la patrulla porque habíamos allanado esa casa cuando la posesión era de ellos.

Nuestra abogada llegó un poco después. Le pidió a la patrulla que se fuera del lugar, pues no tenían nada que hacer allí. Ellos eran de cateos, pero como todos bien sabemos, así se mueven algunos abogados en nuestro país y policías que se prestan a esto. De buena manera, acordamos una cita en nuestras oficinas ese mismo día con el abogado de ella.

Más tarde en la oficina, hablamos con él y les propusimos un trato, había la probabilidad de que ese poder fuera falso, pero no queríamos estar gastando esfuerzo y más dinero en ese asunto.

Lo que buscábamos era recuperar lo que habíamos dado para pagarle al inversionista su dinero y utilidad, sin importar cómo estuviéramos nosotros en el negocio. Al final el inversionista era primero. Nuestra oferta para ellos fueron USD $5,000 para entregarnos la posesión de la casa y un contrato para cancelar el poder. El abogado se llevó esa oferta para ponérselas en la mesa.

Dos días después, el abogado contestó con una negativa a nuestra propuesta. No nos quedaba más que seguir con la demanda. Pasado el tiempo se veía muy desalentador para nosotros ganarla. Estábamos en aprietos porque el poder ya se iba a inscribir en cualquier momento y quedaríamos en una situación muy complicada.

Al paso del tiempo no pudimos hacer nada en contra de ellos. Aunque el notario tenía muchas denuncias, mientras estuviera dentro de los notarios que operan en la ciudad no había nada que pudiera desacreditar ese poder, a menos que él confesara que no firmó ese documento, lo cual era casi imposible.

Pasó el tiempo y quedó inscrito el poder a nombre de la sobrina. Se quedaron con la posesión de la casa.

Si tú eres abogado y me estás leyendo, tal vez puedas decir que había maneras de salir adelante del proceso. Y lo entiendo. Pero fue dinero bueno que pusimos en malas manos y que al final, perdimos. Demandamos a nuestro cliente por doble venta, ellos se salieron con la suya. Siempre nos quedaremos con la duda de si firmó el poder o no o si falsificaron el poder o no.

Te cuento esta historia, porque puedes toparte con algo similar. Y la verdad es que te ponen en una encrucijada de seguir o no, haciendo este tipo de negocios. Créeme, pasó por mi mente más de una vez. Isaí y yo hablamos en la oficina acerca de esta mala experiencia. Llegamos a la conclusión de que fue algo que nos tenía que suceder para no perder, en un futuro, algo mayor. La pasión por lo que hacemos es tan grande que una pérdida de esta magnitud, no nos iba a detener. Lo que hacemos lo hacemos porque nos gusta, tenemos una entrega tan grande que no nos detuvo a seguir.

Mi pregunta hacia ti es ¿Qué tan comprometido estás en lo que haces, que una caída no te afectará tanto? Es parte del proceso de aprendizaje, algo que te forja el carácter, son las caídas que duelen, pero no te sacan del camino.

Me hubiese gustado que, en la universidad, me enseñaran a caer y levantarme. Que caerse es parte de un proceso, pero nunca fue así, siempre fue un sistema de enseñanza diseñado para que yo fuera un empleado.

Gracias a los libros que he leído es que seguimos en el camino, creciendo y aprendiendo de los errores que la vida nos marca.

Si pierdes dinero en una mala decisión o un mal negocio, no te preocupes, no es malo. Aprender esa lección te costó lo que perdiste. Y créeme que, *no volverás a tropezar con la misma piedra.* ¿Volverías a hacer lo mismo que hiciste cuando perdiste dinero? Yo tampoco.

Toma en cuenta los siguientes puntos cuando pierdes dinero:

**1. Nadie te va a enseñar de la misma manera lo que aprendiste.**

Cuando nosotros mismos vivimos en carne propia la experiencia, eso queda marcado de por vida, difícilmente se te olvidará. Nunca será lo mismo que te cuenten cómo es un proceso o una experiencia, tienes que vivirlo, sentirlo, frustrarte, recuerda que es parte del camino del éxito. Son golpes que necesitas para forjar carácter, madurez y experiencia.

**2. Descubrirás qué tan comprometido estás con la visión.**

Creo que, si por un error dejas el objetivo, en realidad no estabas tan comprometido con tu sueño. Conozco personas que han dejado todo porque un negocio no salió bien. La verdad detrás de eso es que, no estaban, en realidad, tan enamorados de lo que hacían que cualquier pretexto era bueno para salirse.

Alguien que ama lo que hace, lo haría gratis. Pregúntate *¿Hasta dónde estoy dispuesto a perder por mi sueño?,* si tu respuesta es algo como: *puedo perder nada más cierta canti-*

*dad de dinero,* necesitas encontrar tu verdadera pasión, pero está claro que lo que quieres hacer o estás haciendo no es. Si tu respuesta es: *hasta donde pueda llegar,* entonces estamos hablando que estás comprometido con tu sueño, negocio y objetivo.

# Capítulo 7 | Aprende a Ganar

Ganar más del doble de lo que invertiste en un corto periodo de tiempo, no suena nada mal, ¿verdad? Esto pasó con un buen negocio que hicimos. Compramos un par de terrenos a un costo mucho menor, en una zona media de la ciudad. Isaí y yo decidimos invitar a un inversionista para que nos apoyara con la construcción de un par casas semi residenciales.

Estos terrenos habían costado menos del valor comercial, al momento de hacer trato con nuestro socio inversionista. Él no tendría porqué saber cuánto nos costó realmente cada uno de los terrenos. Aquí ya llevábamos una ganancia indirecta por el costo de los predios. Así fue como empezamos a maquilar este negocio.

Citamos en nuestras oficinas a nuestro socio inversionista para platicar acerca de este proyecto, el cual era un ganar-ganar. Después de platicarle el proyecto y la propuesta que le teníamos. Le interesó mucho que nosotros aportáramos los terrenos. Él contribuiría con la construcción y el material.

Para este negocio nos llevaríamos el 50% de utilidad por cada una de las casas vendidas, para cada una de las partes. En un tiempo aproximado de seis meses, tendríamos construidas y vendidas las casas según nuestra estimación. También le interesó porque la venta la haríamos nosotros, no habría comisión que pagar, además de toda la gestión inmobiliaria.

Empezamos con la gestión inmobiliaria, permiso de construcción, alineamiento y nomenclatura. Revisamos que todos los documentos estuvieran listos para cuando se necesitaran. Por nuestra parte estaba todo listo, solo esperar a que las casas estuvieran construidas para empezar la promoción.

Pasaron cuatro meses, las casas pararon de construirse sin razón aparente. Isaí citó a nuestro socio en nuestras oficinas. Hablamos con él para ver qué estaba sucediendo. Se le había terminado el dinero para seguir con la construcción. Para esto, el contrato que teníamos nos protegía de estas situaciones. Le dimos la opción de prestarle dinero, obviamente con intereses. Fue algo extra que ganamos, teníamos la garantía de que las casas estaban a nombre de nuestra empresa. No teníamos nada que perder.

Él continuó con la construcción de las casas, para que estuvieran listas lo más rápido posible. Iba rápido con el resto de la construcción. En un tiempo de un mes ya estaban listas para promocionarse. Para nuestra sorpresa, no pasó más que un par de semanas para que las dos casas ya estuvieran en trato con posibles compradores.

Fue algo muy rápido. No pensamos que se venderían tan pronto. La verdad es que el terreno era muy amplio y el precio lo pusimos muy accesible. Había margen para jugar con el precio. También nuestro socio ayudó con el precio, ya que, si no hubiésemos acordado algo razonable, tal vez, hubieran tardado mucho en venderse.

Hicimos un excelente negocio con esos terrenos. Me sentía muy bien conmigo mismo. El saber que podía hacer cosas grandes, sin tener que esforzarme físicamente, en una oficina o un trabajo que no me gustara. Supe que podía ser capaz de eso y más. Ahora lo que seguía era tomar una buena decisión de inversión.

¿Seguimos invirtiendo o ya era hora de comprar un auto lujoso? ¿Irnos mi familia y yo de vacaciones? Comprar una casa ostentosa no era una idea que pasara por mi cabeza. Hablé con mi esposa al respecto y le dije: *Yo, tanto como tú, quiero una casa propia, grande, pero no creo que sea el momento de gastar en eso* (rentábamos una casa). *Vamos a seguir invirtiendo para que nos deje mayores rendimientos y poder comprar en pocos años una casa más grande y mejor ubicada.*

Mi esposa me apoyó con esa decisión. Nuestra mentalidad de inversionistas no es de algo a corto plazo, quiero decir que, sabemos que el éxito de la noche a la mañana no sucede a menudo. Nuestro sueño es a diez años y no nos podemos desesperar en comprar cosas innecesarias.

Queremos dejar un legado a nuestros hijos, que sepan ellos de inversiones, que no es fácil ni rápido el éxito, que tendrán fracasos y triunfos, tal vez ellos continuarán haciendo crecer la empresa, pero por lo menos que tengan los principios de las inversiones.

Una de las ventajas que tenemos es que la mentalidad de mi socio es igual, busca lo mismo que nosotros, el poder crecer el negocio y no gastar en cosas que no valen la pena en este momento de crecimiento.

## Hacer un buen negocio no es suficiente

En este negocio como en muchos otros existen altas y bajas. Si bien es cierto que es un negocio muy rentable y más cuando sabemos diversificar. Hay que tomar en cuenta que algunas cosas pueden no salir bien o no como las planeamos, mientras estamos aprendiendo. Como nunca sabremos todo, estaremos en constante aprendizaje.

Siempre habrá buenos y malos negocios. Tenemos que estar preparados para recibir las cachetadas de una pérdida. Para eso necesitamos saber invertir nuestro dinero.

Continuar cerrando buenos tratos, seguir invirtiendo es sumamente importante hasta que los cimientos de tu negocio estén firmes. No puedes decir que, con un buen trato, ya tu negocio está viento en popa.

Habrá malos negocios en los cuales tendrás pérdidas o no ganarás nada. Como ya sabemos que esto pasará no estaremos frustrados y estaremos preparados. Seguiremos buscando nuevas oportunidades de generar ingresos. Y no dependeremos solo de un buen trato. Los gastos pasivos no se pagan solos, tenemos que solventarlos mes tras mes.

Creo que no es una buena idea gastar el dinero cuando hiciste un buen negocio, siempre habrá tiempo para hacerlo.

Imagina que ganaras en un mes USD 50,000 por hacer un buen negocio. Pero estás en una encrucijada: puedes gastarte ese dinero en comprar un auto lujoso o puedes esperar con esa cantidad a que te salga otro negocio donde puedas recibir por lo menos el 30% de ganancias en un corto periodo de tiempo. ¿Cuál tomarías, suponiendo que ese es tu capital?

Puede haber muchas respuestas, una de ellas podría ser que con la mitad compras el carro y con la otra mitad sigues invirtiendo. Eso está bien; sin embargo, te pregunto ¿hasta dónde estás comprometido con tu negocio? ¿Prefieres quitarle la mitad a un negocio que te puede redituar mucho más después, que seguir invirtiendo? Es como tener un árbol frutal que te da de comer, ¿vas a cortarlo a la mitad porque quieres hacer, con esa madera, una mesa extra para tu casa? Pregúntate a ti mismo ¿En realidad es necesaria esa mesa?, piensa que ese árbol te da de comer a ti y a tu familia.

No estoy diciendo que nunca nos compremos nada lujoso, solo te estoy diciendo que cuides los tiempos. Es diferente si tienes veinte árboles frutales y quieres cortar uno para hacer un mueble. Tengamos cuidado de lo que hacemos con el dinero que ganamos.

Ganar USD $50,000 en un solo trato, en un tiempo de seis meses, no está nada mal. Cuando hicimos este negocio con el tío de Isaí, fue uno de los mejores que hemos hecho. Fue un 120% de utilidad el que ganamos esa vez. Tal vez lo que hubiesen hecho muchos sería comprarse un carro, camioneta, irse de vacaciones o gastarse el dinero que ganaron.

Por la mente de muchas personas pasan las siguientes ideas: *me lo merezco, para eso trabajo, como quiera en el siguiente negocio lo repongo, etc.* Tengo un muy buen amigo que me dice: *Cuando seas grande no disfrutarás los carros como ahora que eres joven.*

Esto no aplica para nosotros porque tenemos otra mentalidad la cual nos lleva a no querer los beneficios a corto plazo y con deudas. Un ejemplo de esto es cuando queremos un auto de alta gama, tal vez de unos USD 50,000, tengo dos opciones, puedo pedir un crédito a cinco años o generar esa cantidad en un año y comprarlo de contado, será mucho más barato el carro y no tendré deuda ¿Qué prefieres tú?

Te escribo a continuación, algunos malos gastos con los que me he topado en el mundo del emprendimiento que, gracias a estos, los negocios y por consiguiente los dueños, han quebrado:

**1. Malgastar el dinero en fiestas, alcohol, apuestas o algún otro vicio.** Creo que ya sabemos el final de la historia. Considero que no es una buena decisión gastar en estas cosas. Esto lo digo en todos los sentidos, no te va a traer nada bueno en tu vida personal, ni en tus negocios. Te va a lastimar tarde o temprano.

**2. Comprar autos de alta gama.** Estas compras, cuando estas empezando a generar utilidades importantes, son de lo más ridículo que puedes hacer. Recuerda que se trata de ser millonario no de aparentar serlo.

**3. Joyería.** Conozco personas que son millonarias y no traen ninguna esclava, reloj costoso, cadenas de oro, ni nada por el estilo. Estas personas saben que esto no les genera riqueza. Son personas de negocios. Ellos quieren cosas que les generen valor y que sean redituables. No buscan comprar pasivos. Un lujo de estos no es prioridad para las personas que se dedican a los negocios.

**4. Casa en la playa.** Este es un lujo que, cuando estés en la *cima del iceberg,* lo podrás costear. Si estas empezando a construir los cimientos de tu negocio, creo que aún no estás en condiciones de comprar algo como esto solo porque un buen negocio se te presentó.

**5. Contratar personal innecesario.** Esto es algo muy raro, pero me lo he topado en algunos lados. Contratan gente en sus negocios para actividades muy poco frecuentes. Por ejemplo, un buen amigo mío contrató una persona de tiempo completo para poner lonas publicitarias cuando se necesitara. Esto lo hizo porque él ya no quería poner lonas. Ya había generado algunos buenos negocios, pero no era necesario contratar a alguien de tiempo completo para esa actividad. Fue un gasto sumamente innecesario.

**6. Tarjetas de crédito.** Las tarjetas de crédito en malas manos pueden llegar a ser muy peligrosas. Tenemos que aprender a usarlas, no son malas, solo tenemos que administrarlas bien. No te confíes, pueden destruir tu negocio.

**7. Ropa de marca.** No está mal que nos guste la ropa de una marca reconocida, buenos materiales, calzados de excelentes materiales. Recomiendo no gastar de más en estos lujos hasta que nuestra empresa esté sólida.

Podremos gastar en lujos cuando esa cantidad de dinero no lastime nuestras finanzas, ni nuestros proyectos. Un conocido mío gastó en una casa grande, muy bonita, pero invirtió mucho en ella. No tenía los suficientes negocios, ni la diversificación como para arriesgar tanto. Ahora, con la pandemia en este año 2020, se le vinieron abajo varios negocios de construcción. Ahora está rematando su casa para poder pagar lo que en realidad es necesario, comida, colegiaturas, transporte o gasolina, etc.

Warren Buffett uno de los hombres más ricos del mundo en este siglo dijo: *Si compras cosas que no necesitas, pronto tendrás que vender las cosas que necesitas.*

Al obtener una buena ganancia en un negocio o alguna entrada de dinero extra, te recomiendo seguir invirtiendo.

Alguien me dijo una vez: *El dinero es como cuando vas de cacería, la escopeta siempre tiene que estar lista para cuando salga el pato.* ¿Qué te quiero decir con esto? Tenemos que tener listo el dinero para cuando salga una buena oportunidad de negocio.

Compra activos que te dejen una entrada fija de dinero. Por ejemplo, en estos últimos meses para nosotros, que nos dedicamos a la construcción, invertir en una ferretería no suena nada descabellado. Sería como darle vuelta al dinero en tus propios negocios. Las grandes constructoras eso es lo que hacen. También construir locales comerciales y rentarlos puede ser una buena inversión a largo plazo. Hay muchas maneras de invertir tu dinero en activos fijos o en buenos negocios.

Algo muy importante para mí, es el comprar un seguro de gastos médicos mayores para nuestra familia y para nosotros. Invierte en tu salud. Es algo que a veces no queremos hacer porque a algunos les duele deshacerse de esa cantidad de dinero, pero es una inversión en la salud.

# Capítulo 8 | Trabajo en Pareja

Mi esposa y yo hemos hecho un muy buen equipo en el negocio de las ventas. A ella le gusta vender lo que sea. De repente, hasta los pantalones que no me quedaban, ya no los encontraba y ¡sorpresa! ya los había vendido. Así de buena es para vender.

Cuando me llamó la atención el negocio de los bienes raíces se lo platiqué. A ella, por no estar involucrada tal vez, no le hizo tanto *clic*. Yo invertía mis noches para estudiar cómo hacer negocios en los bienes raíces.

Como te escribía en capítulos pasados, muchos de los videos, -no todos-, decían que era muy sencillo. Que cualquier persona lo podía hacer. Yo dije: *¿Por qué no? Vamos a empezar.*

Cuando vendí mi primera casa como intermediario y recibí mi primera comisión, que no había sido mucha, dije: *¡Esto es mi pasión!*

Recibir una comisión por algo que me había gustado hacer, fue algo extraño. Era como los futbolistas que reciben un sueldo por jugar fútbol. Para mí, jugar fútbol es un hobby en el que tengo que pagar, entre ellos, el arbitraje para poder jugar y eso sin contar la renta de las canchas o uniformes.

Le platiqué a mi esposa cómo me había sentido después de recibir mi primera comisión. En ese entonces yo estaba trabajando como consultor de sistemas de información. Ella me decía que estaba bien, siempre y cuando conservara mi empleo porque era algo seguro. La verdad yo también pensaba de esa manera.

Continúe en el negocio captando propiedades. Hasta que hubo un momento en que le empecé a enseñar a mi esposa el negocio. Me hablaban para promover propiedades y yo ya no podía con todo. Querían que fuera a asesorarlos en mis horas de trabajo.

Mi esposa había dejado de trabajar como consultor de sistemas de información, para estar más tiempo con nuestra hija. Ella se empezó a involucrar más y más en el ambiente de la intermediación. El apoyo de mi esposa fue fundamental para seguir. Si no hubiese sido por ella, tal vez no estaría escribiendo este libro y seguiría trabajando como consultor de sistemas de información.

Como a ella le gusta mucho vender, dijimos que, si le gustaba vender ropa, artículos por catálogo, etc. ¿Por qué no vender casas? Poco a poco, ella se empezó a involucrar más en los bienes raíces. Le pasó igual que a mí con la primera comisión, supo que ese negocio era también algo que disfrutaba. Habíamos hecho una buena mancuerna en ventas. Entre los dos vimos la oportunidad de crecer y pensar ya en una oficina, en contratar una asistente.

Vimos el panorama a futuro. También el carácter de cada uno es muy diferente y no te voy a decir que nunca hemos tenido problemas en el negocio, porque te estaría mintiendo. Tenemos nuestras diferencias de vez en cuando, pero las hemos sobrellevado en beneficio del negocio.

Yo no sabía que podía vender, hasta que vendí mi primera casa. Fue hasta entonces que dije: *¡Esto me gusta!* Para mi esposa era diferente, a ella siempre le había gustado vender.

Hacer esto en pareja nos ha traído muy buenos beneficios. Entender el negocio, platicar a la hora de la comida acerca de lo que hacemos, fue algo que se convirtió en salud matrimonial para nosotros. Escucharnos y tener una opinión acertada también fue algo que nos ha ayudado mucho.

Pasar el tiempo en familia ha sido uno de los mayores beneficios que hemos tenido. Pensamos que la riqueza es esa en realidad, la libertad de tu tiempo para con tu familia. Poder manejar tu tiempo para no perderte un evento en la escuela de tus hijos, un juego de fútbol, una clase de gimnasia, etc. ¿A cuántos de nosotros nos hubiese gustado que nuestros papás estuvieran allí? No me malinterpretes, yo sé que algunos de nuestros padres tenían que trabajar para darnos lo mejor. Y ese era el trabajo que ellos habían elegido y eso está bien.

Lo que te quiero decir con esto, es que sí existe una opción para darle ese tiempo a tus hijos. Si mis padres hubiesen descubierto que existía este negocio, no dudo que lo hubieran tomado. Mi papá ahora está en el negocio inmobiliario y le está yendo muy bien. Me dice: *Si hubiera tenido el conocimiento de esto antes, desde hace mucho estuviera en este negocio.*

Ahora, con esta profesión en familia, es mucho más fácil administrar nuestro tiempo con nuestros hijos. Si mi esposa tiene una cita para ver alguna propiedad, yo me quedo con nuestros hijos y viceversa. Es una ventaja muy buena para estar con nuestros hijos.

Uno de los mayores conflictos que puede haber en un negocio familiar es el de hacer las cosas como cada quien quiere. Este punto es lo más complicado de un negocio familiar, porque cada uno cree que su punto de vista es el mejor y el más adecuado para el negocio.

Cuando nosotros tenemos este tipo de discusiones, acudimos con una tercera persona que es el encargado de mediar la situación, exponiendo nuestros puntos de vista. Es como cuando vas a una terapia de parejas y si no has ido, de seguro conoces a alguien que sí. La mediación de los puntos de vista de cada uno no se trata de quién es mejor, se trata de qué es lo mejor para el negocio. Y eso nos conviene a ambos.

Otro punto importante que tenemos que tomar en cuenta son las finanzas. En qué se gasta el dinero de los negocios. Yo tenía un problema. No quería compartir mis finanzas con mi esposa, no porque yo estuviera mal gastando el dinero, sino porque me molestaba que me preguntara en qué se había gastado. Era un problema de ego, de inseguridad de parte mía.

Y es que, un negocio con un socio se convierte en un "matrimonio". No puedes tú solo tomar decisiones, tienes que consultar a tu socio, en muchos de los casos.

Hay ocasiones en que son solo socios capitalistas y no es necesario su punto de vista en un negocio.

En cuanto a este tema, mi esposa Mireya escribió lo siguiente:

*Una de las actividades que más disfruto en la vida es el poder generar ingresos. Disfruto en gran medida hacerlo a través de las ventas. Empecé involucrándome desde niña en actividades que mi familia organizaba para solventar los gastos de la casa, desde vender puerta por puerta, hasta tener algún espacio en mercados ambulantes. Por lo que mi idea de las ventas se enfocaba en productos.*

*Cuando me gradué de la Universidad, empecé a trabajar en el sector privado enfocándome en el área de sistemas. Aunque me agradaba el trabajo y las satisfacciones que este me proporcionaba eventualmente mis prioridades cambiaron al convertirme en Mamá.*

*Para mi esposo y para mí es, sin duda, nuestra familia el proyecto más grande que compartimos. Coincidimos en la forma que queríamos educar a nuestros hijos y eso nos llevó en su momento a reorganizar prioridades.*

*Tomé la decisión, apoyada y respaldada por mi esposo en todo momento, de poner una pausa en mi carrera profesional para dedicar el mayor tiempo posible a nuestra familia. Fue una decisión difícil, pero estaba confiada en que, cosas mejores vendrían para nosotros.*

*Mi esposo se mostraba muy entusiasmado en el negocio de bienes raíces, tenía ya algunos meses invirtiendo tiempo en aprender todo lo relacionado a este rubro. Cuando llegó su primera comisión por una venta no podía ocultar lo feliz que se sentía.*

*Durante las comidas en casa y el tiempo que compartía con mi esposo, él aprovechaba para platicarme del negocio, por lo que fui tomándole interés.*

*Cesar me explicaba lo que aprendía con cada trámite de intermediación que llevaba a cabo y despertó un gran interés en mí. Era la oportunidad que necesitaba para continuar generando ingresos económicos, sin dejar de lado mi enfoque principal, mi familia.*

*Decidí compartir en grupos de redes sociales un comentario donde ofrecí mis servicios para vender casas. Ese mismo día con todo el nerviosismo de un primer día de trabajo, capté dos propiedades, una para renta y otra para venta. Recuerdo no saber cuántos metros cuadrados de terreno y construcción conformaban la propiedad, pero con el apoyo de mi esposo vendí mi primer propiedad tres semanas más tarde.*

*Después de recibir mi primera comisión por una venta, en la que había invertido un par de horas por tres sábados y que equivalía a casi tres meses de mi salario en mi último trabajo; decidí sumarme con toda mi energía y con todo el tiempo que me fuera posible a nuestro nuevo negocio familiar.*

*Estoy convencida de que, si mi esposo hubiera continuado el negocio él sólo, estaría por buen camino; sin embargo, creo que, al hacerlo juntos, obtenemos grandes satisfacciones, compartimos objetivos y metas, cada uno aporta con alegría los dones que tenemos. César es enfocado, ordenado, visionario, yo me enfoco más en vender, ya que como comparto en párrafos anteriores es una actividad con la crecí. Cambié de vender productos a vender servicios.*

*Y es que es así como como vendemos mi esposo y yo, con el objetivo muy claro de que, al vender una casa, servimos a otras personas. No solo estamos vendiendo un pedazo de tierra o unas paredes, vendemos un sueño, una seguridad, un patrimonio para alguna familia.*

*Pude haber elegido otros métodos para generar ingresos y apoyar a mi familia. Pude haber elegido continuar en mi carrera como Ingeniero y escalar a posiciones mayores dentro de una compañía como muchas otras mujeres lo hacen. Mujeres que merecen todo mi respeto y mi admiración, pero este negocio de bienes raíces fue el que captó mi atención. Todos los días aprendo algo nuevo y eso me nutre sin medida.*

*Agradezco profundamente a mi esposo por compartir este proyecto tan satisfactorio conmigo.*

¿Cómo organizamos nuestro trabajo juntos? Tomar un rol dentro de la relación es parte fundamental de un trabajo en armonía. Cada uno toma un rol en la familia y en el trabajo. Por ejemplo, en nuestro negocio, mi rol es el de hacer los pagos al personal, pago de renta, luz, internet y algunos otros servicios, así como el mantenimiento de la oficina en general. Mi esposa por otro lado revisa redes sociales en algún tiempo libre, canaliza clientes, programa citas, se presenta a firmas de escrituras entre otras cosas.

Estos son roles que aceptamos no desde un principio, sino que adoptamos cada uno, conforme fue creciendo el negocio. Es recomendable establecer los roles de cada miembro del equipo para así lograr que, cada miembro identifique su actividad en el negocio y pueda llevarla a cabo con éxito.

Es importante definir con los colaboradores a quién le reportan. Un problema que tuvimos entre nosotros fue el de querer solicitar los servicios de un colaborador al mismo tiempo. Que no supieran nuestros colaboradores a quién reportarle, es también un problema común cuando no se define desde un principio.

La retroalimentación en pareja es necesaria para saber nuestros puntos débiles y fuertes. ¿Quién mejor que tu pareja para ayudarte a identificar áreas de oportunidad? Ya que tienes la seguridad de que cualquier comentario será con el objetivo de cumplir con las metas del negocio y de la familia.

Reconocer el trabajo es esencial. El decirle a tu pareja que hizo bien algún negocio o venta, fortalece la autoestima. Motivar a tu pareja para cumplir con sus sueños personales, ayuda a que la relación se consolide. Estoy seguro de que mientras nuestra relación de pareja crezca, así crecerá nuestro negocio.

# Capítulo 9 | Manejo del tiempo

Es muy importante mantener un equilibrio entre tu vida laboral y tu vida familiar. Que no se convierta el trabajo en tu vida. Es muy fácil hacer que nuestra pasión por la actividad que desempeñamos se convierta en nuestra prioridad. No me gustaría llegar a una edad avanzada y haberme perdido de tantos momentos con mi esposa, mis hijos, mis padres.

Y esto es en general para cualquier oficio que se te presente. Cuando en realidad amas lo que haces, el tiempo vuela, tanto es así que olvidamos ciertas cosas, a veces citas con la familia, reuniones con amigos, compromisos importantes, etc. Nuestra prioridad debería ser siempre nuestra familia, por más dinero que vayas a ganar.

¿Sabes cuántas familias rotas hay por poner en primer lugar a los negocios? Muchos ricos o millonarios están viviendo una vida de lujos, pero lejos de su núcleo familiar, por pensar en dinero solamente. El dinero no es nada si no tienes a tu familia para disfrutar de ello.

En mi ciudad hubo un problema muy fuerte dentro una de las familias más ricas de la ciudad o del estado. Un empresario muy reconocido, dueño de una constructora, denunció públicamente la agresión física de parte de sus hijos. El señor de 80 años dijo en un programa de televisión, que lo habían golpeado sus propios hijos, le habían roto dos costillas y lo habían tumbado al suelo. ¿Te imaginas? Te estoy hablando de una de las familias más influyentes del estado, una constructora reconocida por tener naves industriales en renta y venta, fraccionamientos residenciales, ferreteras y muchos más negocios.

Los hijos por su parte, estaban denunciando públicamente el hecho en otro canal de televisión. Una pelea pública donde ellos argumentaban que el papá fue el primero en golpearlos. Ya me imagino yo contestándole a mi papá, cuando me pegaba por portarme mal.

No voy a juzgar a nadie, ni a los hijos, ni a él. Pero ¿qué crees tú que haya pasado para que sucediera algo así? Con toda probabilidad faltó más tiempo en familia, en lugar de tiempo en los negocios, tal vez. Porque siendo honestos, la educación siempre la traemos desde casa y ¿cómo podremos darles una buena educación desde casa, si no tenemos tiempo de calidad con nuestros hijos?

Para esto debe de existir un equilibrio entre tu negocio, la familia, tu tiempo personal, tiempo en pareja. Por eso tenemos que tener muchísimo cuidado con la administración del tiempo. El dinero no lo es todo en esta vida, ayuda mucho, claro que sí, siempre y cuando este bien canalizado.

Dicen los grandes emprendedores que cuando empiezas un negocio, tú como dueño entras a la oficina primero que todos y sales al último. Para algunas personas esto es relativo, porque como eres el propietario del negocio creemos que podemos hacer lo que queramos; sin embargo, somos el pilar más grande en nuestra empresa. Si dejas de crecer, la empresa deja de crecer. Esto hace que te empieces a volver obsoleto.

Cuando tenemos libertad de tiempo, no significa libertad de hacer lo que se nos plazca, significa que tenemos libertad para seguir haciendo otros negocios. Que podemos escoger qué negocio sigue en puerta que nos permita, en algún momento de nuestras vidas, estar plenos disfrutando con la familia cada momento.

A un curso al que fui, decía un empresario muy joven, que él tenía personas trabajando para él. Ya no tenía que hacer nada en su empresa. Comentaba que gastaba más de tres horas diarias jugando PlayStation. Recuerdo que el conferencista de nombre Gustavo Cuauhtémoc le dijo: *¿Tú crees que eso te va a llevar a algo bueno?* El joven le contestó: *No, pero ya tengo todo lo que quiero.*

Me quedé pensando y me hice esa pregunta ¿hasta dónde quiero llegar? La respuesta dentro de mí fue: *Quiero siempre estar activo, hasta el fin de mi existencia quiero tener metas, compromisos, objetivos. Nunca, pero nunca decir que ya tengo todo lo que quiero. ¿Hasta dónde quieres llegar tú?*

Mi tiempo libre ha servido para continuar con proyectos. Estamos por empezar un programa donde hablaremos de bienes raíces, invitaremos a constructores, servidores públicos que se encuentran en el mismo entorno. Estoy escribiendo este libro para poder compartir mis experiencias. Y seguiremos con más proyectos por el resto de la vida, nunca parar, siempre queriendo dejar un legado.

## Delegar actividades

El delegar es muy importante si queremos crecer. Si no delegamos nos estancamos, tan simple como eso. Llega un momento en el que tu tiempo se consumirá en hacer cosas que alguien más puede hacer.

Pero no queremos pagarle a otra persona por algo que nosotros podemos hacer, eso es algo que pasaba por mi cabeza en un principio.

Desde que empezamos a contratar, hemos tenido más ventas, más crecimiento, mejores números año tras año. Y es que, tenemos que construir líderes que sean mejores que nosotros mismos para que ellos nos ayuden a levantar el negocio. Hacer esto te permitirá tener más tiempo libre para ti y tu familia.

## Priorizar

Todo el trabajo es urgente hasta que empiezas a priorizar. Mantener prioridades dentro de tus actividades diarias te liberará de tiempo. Pensaba que si no hacía las cosas en ese instante no saldrían bien, perdería clientes. Mi tiempo se consumió y no estaba logrando la captación de clientes potenciales.

No tenemos que quedar bien con todo el mundo. Clientes, amigos, familia te piden que les hagas un favor urgente, pero tú estás haciendo una actividad dentro de tu horario de trabajo que no te permite ayudarles en ese momento. Prioriza las cosas. Se vale decir que no puedes hacerlo en ese momento. Las personas que se molesten, pues ni modo. Tienes que mantener prioridades en las horas adecuadas de trabajo, familia, amigos y eso te liberará de tiempo.

Si eres o vas a ser dueño de negocios, la hora del lunch no será una hora en específico, se podrá mover a cualquier hora. Sin embargo, hay ocasiones en las que tomamos más tiempo del que necesitamos para nuestra comida, esto hace que sea tiempo muerto o perdido.

En este siglo, las redes sociales se han convertido en una distracción de lo más usual. La mayoría de nosotros revisamos redes sociales con mucha frecuencia. Las noticias son parte de este contenido, que lo podemos ver en Facebook, Instagram, Twitter, TikTok, entre otras más.

El famoso "cafecito", ese tiempo que toma de entre diez a veinte minutos es tiempo, que podemos reducir preparándonos el café y volviendo a trabajar. Esto hará que no perdamos tanto tiempo en cosas improductivas.

Ahora, con las nuevas herramientas de correo, hay personas que utilizan el símbolo de urgente. Esto es muy útil para cuando necesitas que te contesten rápido. Normalmente estamos revisando correos que no tienen una prioridad en nuestro negocio.

Si una persona tiene algo urgente, te va a llamar, no te va a enviar un correo.

Las reuniones o juntas no suelen ser del todo improductivas, sabiendo llevarlas. En algunas ocasiones la junta pudiera ser conducida en 15 minutos, pero se extiende por cosas que ya no son del tema a tratar con tal de tomar la hora reservada.

Todo esto explicado en una imagen, la tienes a continuación.

Figura 6. (Castro, 2020)

# Capítulo 10 | La importancia de la fe

Todo ha sido gracias a Dios en nuestro negocio. La fe en Dios es lo que nos ha ayudado a crecer, a lograr cada uno de nuestros objetivos. Todo el tiempo hemos dado gracias a Dios por lo que tenemos y lo que no tenemos. Eso ha hecho más fuerte nuestra fe.

El levantarme todos los días, agradeciendo por tener salud, por la familia que tengo, por el techo donde vivo, comida, un automóvil para trasladarme a mis citas, por tener un ventilador, etc. Siempre agradezco por cada pequeño detalle que existe en mi vida.

Tan importante ha sido nuestra fe que, sin ella, hubiéramos quebrado en el primer negocio que nos salió mal. Tuvimos fe de que nos recuperaríamos, que saldríamos avante de las adversidades. Sobre todo, que lograríamos lo que sea gracias a Dios.

En nuestra curva de aprendizaje, es donde más comprometidos con nuestra fe necesitamos estar. Lo comenté antes, mentalízate de que vas a perder tarde o temprano. Esa mentalidad para nosotros, ha sido nuestra fe.

Empecé este negocio sin saber nada, absolutamente nada. Sin embargo, siempre me apoyé con alguien para hacer cualquier trato. Esta persona tenía ya ocho años en el negocio. Cualquier duda que me saliera, le preguntaba. Nunca estuve en realidad solo. Pero, sobre todo con la confianza de que Dios me ayudaría a pasar por el proceso de emprender.

Cuando tuve a mi primer cliente. Tenía su propiedad en una vecindad, era una casa muy humilde, pequeña y un poco deteriorada. Cuando fui a la primera visita con la dueña, me comentó que tenía ya tiempo vendiendo su propiedad. Varios asesores habían ido a visitarla y pasaban meses y nadie lograba venderla.

En mi inexperiencia pensé que se vendería rápido por el precio que estaba manejando, a pesar de verse un poco deteriorada. Para esto, tuve que consultar con la persona que conocía para saber su punto de vista. Me dijo que esa casa no se vendería tan pronto, por la ubicación, condiciones de la casa y que estaba en una vecindad. Algo dentro de mí me decía que le tenía que ayudar a la dueña a vender su casa, así tuviera que llevar a cincuenta personas a que la vieran. La comisión no era mucha, pero algo dentro de mí me movía.

Sabía que tarde o temprano esa casa, alguien la compraría. Fue así que llevé a muchas personas a que la vieran. La mayoría de los posibles clientes, cuando entraban a verla, se les veía en su cara que no les gustaba cómo lucía, los detalles que tenían que arreglar, etc.

Te puedes dar cuenta de inmediato cuando a alguien no le gusta una casa. Hay muchas personas que son expresivas cuando algo no les gusta.

Para mí, no era una opción rendirme con esa casa. Por otra parte, estaba empezando en el negocio, ¿cómo iba a dejar mi primera comisión? La mostré muchas veces, hasta que una pareja decidió comprarla. Les quedaba cerca del trabajo, tanto de ella como de él. El transporte público para la escuela de sus hijos estaba a una cuadra de la casa.

De inmediato, ese mismo día, me pagaron el costo del avalúo de la casa para empezar el trámite. Fue rápido. En menos de una semana ya tenía toda la documentación de ellos. Todo el trámite tardó aproximadamente un mes, desde que tomaron la decisión de comprarla. La dueña de la casa estaba muy contenta de que se vendiera, el dinero lo necesitaba para cuestiones médicas y lo necesitaba de manera urgente.

Se vendió la propiedad. Recibí mi primera comisión a base de una fe genuina. En la cual yo estaba seguro de que la vendería tarde o temprano. Nunca me di por vencido.

Esto me ha ayudado a lo largo de mi carrera en los bienes raíces. La fe es la gasolina con la que movemos cada negocio, cada venta que tenemos.

Sin la fe no estuviera escribiendo este libro, ni me atrevería a empezar el primer programa en vivo del estado, para hablar de bienes raíces.

Y como dijo Jesús: *Les aseguro que, si tienen fe tan pequeña como un grano de mostaza, podrán decirle a esta montaña: trasládate de aquí para allá, y se trasladará. Para ustedes nada será imposible." (Mateo 17:20)*

Para mí, la fe es poner todo en las manos de Dios. Con "todo" me refiero a todo, mi salud, mi familia, mi trabajo, mis relaciones personales, etc. Todo me es dado por él, mis habilidades, mis éxitos, mis fracasos. Eso es la fe para mí. Entender que por algo Dios me está poniendo ciertas circunstancias en mi vida, para poder aprender de ellas y no para perjudicarme.

Yo trabajaba como consultor de SAP en una empresa en Atlanta, Georgia. Tenía un sueldo en dólares y vivía en México. Esa era una ventaja muy importante, porque muchas cosas son más baratas en México que en Estados Unidos. Cuando me tocaba viajar, me pagaban todos los viáticos. Era algo muy agradable. Por un tiempo conocí muchas ciudades, muchos lugares. Pero no me gustaba lo que hacía.

Llegué a tener un nivel de frustración muy grande por varios años y la verdad es que no era bueno en lo que hacía. Continuamente me comparaba con los demás consultores. Yo no sabía lo que ellos sabían y no tenía las habilidades que ellos tenían. No me gustaba capacitarme. Yo sentía que no pertenecía a ese grupo de personas.

Llegó un momento en el que me despidieron del trabajo. Cuando algo no te gusta, se nota. Para una empresa es importante que estés casado con la visión y misión de ellos, si no, no eres un buen elemento. No me sentía comprometido en casi ocho años de trabajar allí. Estaba allí por la paga, no porque me gustara. Tal vez te identificas conmigo.

Suena extraño cuando les comento a mis amigos que gracias a Dios me corrieron del trabajo. Me dicen: *¿Cómo puedes decir gracias a Dios, si tenías un buen sueldo?*

Tenía un muy buen sueldo a costa de muchas cosas: hacer algo que no me gustaba, viajar constantemente y ver a mi familia una vez por semana.

Cuando me despidieron tuve sentimientos encontrados. A pesar de que ya estaba encaminado en el negocio de los bienes raíces, me sentí inseguro al no percibir un sueldo quincenal.

Mi esposa y yo platicamos esa noche, revisamos nuestros ahorros y gastos fijos. Hicimos cuentas para saber lo que teníamos que ganar de manera mensual, para seguir manteniendo el mismo nivel de vida que llevábamos. Fue algo que nos marcó.

Algunas noches no podía dormir bien, pensando qué pasaría si el negocio no prosperaba. La primera noche oré a Dios para que me diera sabiduría, para que, junto con mi esposa, pudiéramos levantar el negocio.

También le dije a mi esposa que no volvería a trabajar como consultor, que eso lo tenía claro.

Pusimos nuestra fe y confianza en Dios para que nos ayudara a prosperar. Si teníamos o no teníamos dinero, sería porque él así lo quería.

Gracias a que nos dio el don de poder vender, de poder comunicarnos efectivamente con la gente, es que hemos podido levantar el negocio. Fue gracias a la fe que tenemos en Dios.

Respeto mucho la religión, creencias y costumbres de cada persona. Tener fe en algún ser supremo ayuda a tener una mente más tranquila. El saber que hay alguien que te protege. Quizá no lo ves, pero sabes que existe. Te mantiene seguro en algún emprendimiento que vayas a hacer. Confiar que alguien o algo tiene ya preparado tu camino, es reconfortante.

No me malinterpretes, no estoy diciendo que está mal o está bien en lo que creas o en donde pones tu fe. Solo te digo que te ayuda a tener paz en tu emprendimiento. Tal vez puedes poner toda tu confianza en alguien cercano, un familiar, un amigo, un socio y eso te da tranquilidad. ¡Y está bien! Creo que el respeto hacia las creencias de cada persona es esencial para tener buenas relaciones interpersonales.

## Escrito por Isaí del Bosque, mi socio

*Confiar en Dios es estar totalmente seguro que uno va a recibir lo que espera. Es estar convencido de que algo existe, aun cuando no se pueda ver.* (Hebreos 11:1)

*En los negocios es muy importante tener fe por creer en lo que vas a lograr. Es trascendental tener fe en ti mismo porque tú eres parte de lo que vas a lograr. El tener fe es visualizar a dónde quieres llegar sin antes haber comenzado.*

*No perder la fe es un factor importante en la vida de un emprendedor, aunque fracases, tú tienes que visualizar a dónde quieres llegar. No existe una pérdida, siempre existirá un aprendizaje. Es estar convencido de lo que vas a lograr no importando cuánto trabajo te cueste, lo tienes que lograr.*

# Capítulo 11 | Conclusiones

El camino del emprendimiento es complicado, no es fácil y no es para todos. Tienes que tener agallas, compromiso, fe y algo muy importante: que en realidad te guste lo que vas a hacer y no que lo hagas por dinero. Cuando empieces en el mundo de los bienes raíces, vas a perder dinero, te frustrarás, te sentirás inseguro, dudarás de ti mismo.

Tal vez quieras seguir en tu trabajo, con un sueldo seguro. Lo que yo te puedo decir y la verdad eso fue lo que cambió el chip en mi cabeza, fue pensar que la vida es tan corta para estar haciendo algo que no te gusta. Es tan corta que cuando menos lo pienses ya habrá pasado un año más de tu vida, donde dejaste de hacer lo que en realidad te apasiona. Dejar un legado en la tierra para ser recordado como alguien que luchó por sus sueños.

Si hacer negocios en los bienes raíces en realidad te gusta, tarde o temprano vas a triunfar. No sé si en un año, en dos o tres, pero de una cosa estoy seguro ¡vas a triunfar! Porque cuando hacemos algo con pasión, entrega, compromiso y honestidad, la gente se da cuenta de que pueden confiar en ti para invertir, vender, comprar o construir. *La gota rompe la roca no por su fuerza sino por su constancia.* (Ovidio)

Es tan noble este negocio que cuando te reditúa, te da mucho y puedes apoyar a los que menos tienen. Esto es algo muy sano, el ayudar a otras personas te ayuda realmente a ti a saber tu propósito en esta vida, que es apoyar con tu talento a los demás.

Todos los años, mi esposa y yo, ayudamos a nuestra iglesia local con juguetes, fondos, tiempo para otros. Con ello, no perdemos de vista lo que en realidad es importante.

Que tus hijos vean lo que haces por los demás.

Te invito a que sigas nuestra página de internet <u>www.hablemosdebienesraices.com.</u> Compartimos información relevante, con expertos en la materia, que te ayudará a comenzar en este negocio.

En esta misma página podrás inscribirte a nuestros cursos online y/o presenciales. Nuestras redes sociales en Facebook, Instagram, Tik Tok, Twitter y YouTube.

También encontrarás algunos formatos para que puedas tener exclusivas, contratos de compraventa, formato de protección a la información, entre otros que te servirán en tu camino como consultor de bienes raíces.

Escanea el código para descargar los archivos.

# SOBRE EL AUTOR

Nacido un 10 de agosto de 1985 en la ciudad de Saltillo, Coahuila, México.

Ingeniero en sistemas computacionales, egresado del Instituto Tecnológico de Saltillo en el 2008.

Inversionista y consultor en bienes raíces.

Miembro de la Asociación Mexicana de Profesionales Inmobiliarios.

Socio fundador de inversiones inmobiliarias ECC S.A.P.I de C.V.

Actualmente dirige un programa junto a su esposa Mireya Vázquez en redes sociales: "Hablemos de Bienes Raíces".

Ese soy yo. Alguien que ya encontró lo que le encanta hacer. Alguien que se emociona con cada nueva oportunidad de negocio. Alguien que sabe que depende solo de Dios, el progresar o no.

*Cesar Peña*

# REFERENCIAS DE INTERNET

1. García, D. (10 de octubre de 2019) inmuebles 24 ¿Sabías que? Recuperado el día 04 de febrero de 2021 de: https://www.inmuebles24.com/noticias/sabias-que/que-es-la-intermediacion-inmobiliaria/

2. Castro, R. (19 de noviembre del 2020) 10 consejos para mejorar tu gestión del tiempo. Recuperado el día 06 de febrero de 2021 de: https://dpersonas.com/2020/02/21/10-consejos-para-mejorar-tu-gestion-del-tiempo/